中华人民共和国
新法规汇编

2019
第11辑

司法部 编

中国法制出版社

编辑说明

一、《中华人民共和国新法规汇编》是国家出版的法律、行政法规汇编正式版本，是刊登报国务院备案并予以登记的部门规章的指定出版物。

二、本汇编收集的内容包括：上一个月内由全国人民代表大会及其常务委员会通过的法律和有关法律问题的决定，国务院公布的行政法规和国务院文件，报国务院备案并予以登记的部门规章，最高人民法院和最高人民检察院公布的司法解释。另外，还收入了上一个月内报国务院备案并予以登记的地方性法规和地方政府规章目录。

三、本汇编所收的内容，按下列分类顺序编排：法律，行政法规，国务院文件，国务院部门规章，司法解释。每类中按公布的时间顺序排列。报国务院备案并予以登记的地方性法规和地方政府规章目录按 1987 年国务院批准的行政区划顺序排列；同一行政区域报备两件以上者，按公布时间顺序排列。

四、本汇编每年出版 12 辑，每月出版 1 辑。本辑为 2019 年度第 11 辑，收入 2019 年 10 月份内公布的法律 1 件、有关法律问的决定 3 件、行政法规 2 件、国务院文件 3 件、报国务院备案并经审查予以登记编号的部门规章 3 件、司法解释 1 件，补收 2019 年 9 月份内公布的国务院文件 2 件、司法解释 1 件，共计 16 件。

五、本汇编在编辑出版过程中，得到了国务院有关部门和有关方面以及广大读者的大力支持和协助，在此谨致谢意。

司法部

2019 年 11 月

目　录

法　律

有关法律问题的决定

行政法规

国务院文件

国务院部门规章

司法解释

附：

法　律

中华人民共和国密码法

（2019 年 10 月 26 日第十三届全国人民代表大会常务委员会第十四次会议通过　2019 年 10 月 26 日中华人民共和国主席令第 35 号公布　自 2020 年 1 月 1 日起施行）

目　录

第一章　总　则

第一条　为了规范密码应用和管理，促进密码事业发展，保障网络与信息安全，维护国家安全和社会公共利益，保护公民、法人和其他组织的合法权益，制定本法。

第二条　本法所称密码，是指采用特定变换的方法对信息等进行加密保护、安全认证的技术、产品和服务。

第三条　密码工作坚持总体国家安全观，遵循统一领导、分级负责，创新发展、服务大局，依法管理、保障安全的原则。

第四条 坚持中国共产党对密码工作的领导。中央密码工作领导机构对全国密码工作实行统一领导，制定国家密码工作重大方针政策，统筹协调国家密码重大事项和重要工作，推进国家密码法治建设。

第五条 国家密码管理部门负责管理全国的密码工作。县级以上地方各级密码管理部门负责管理本行政区域的密码工作。

国家机关和涉及密码工作的单位在其职责范围内负责本机关、本单位或者本系统的密码工作。

第六条 国家对密码实行分类管理。

密码分为核心密码、普通密码和商用密码。

第七条 核心密码、普通密码用于保护国家秘密信息，核心密码保护信息的最高密级为绝密级，普通密码保护信息的最高密级为机密级。

核心密码、普通密码属于国家秘密。密码管理部门依照本法和有关法律、行政法规、国家有关规定对核心密码、普通密码实行严格统一管理。

第八条 商用密码用于保护不属于国家秘密的信息。

公民、法人和其他组织可以依法使用商用密码保护网络与信息安全。

第九条 国家鼓励和支持密码科学技术研究和应用，依法保护密码领域的知识产权，促进密码科学技术进步和创新。

国家加强密码人才培养和队伍建设，对在密码工作中作出突出贡献的组织和个人，按照国家有关规定给予表彰和奖励。

第十条 国家采取多种形式加强密码安全教育，将密码安全教育纳入国民教育体系和公务员教育培训体系，增强公民、法人和其他组织的密码安全意识。

第十一条 县级以上人民政府应当将密码工作纳入本级国民经济和社会发展规划，所需经费列入本级财政预算。

第十二条 任何组织或者个人不得窃取他人加密保护的信息或者非法侵入他人的密码保障系统。

任何组织或者个人不得利用密码从事危害国家安全、社会公共利益、他人合法权益等违法犯罪活动。

第二章 核心密码、普通密码

第十三条 国家加强核心密码、普通密码的科学规划、管理和使用,加强制度建设,完善管理措施,增强密码安全保障能力。

第十四条 在有线、无线通信中传递的国家秘密信息,以及存储、处理国家秘密信息的信息系统,应当依照法律、行政法规和国家有关规定使用核心密码、普通密码进行加密保护、安全认证。

第十五条 从事核心密码、普通密码科研、生产、服务、检测、装备、使用和销毁等工作的机构(以下统称密码工作机构)应当按照法律、行政法规、国家有关规定以及核心密码、普通密码标准的要求,建立健全安全管理制度,采取严格的保密措施和保密责任制,确保核心密码、普通密码的安全。

第十六条 密码管理部门依法对密码工作机构的核心密码、普通密码工作进行指导、监督和检查,密码工作机构应当配合。

第十七条 密码管理部门根据工作需要会同有关部门建立核心密码、普通密码的安全监测预警、安全风险评估、信息通报、重大事项会商和应急处置等协作机制,确保核心密码、普通密码安全管理的协同联动和有序高效。

密码工作机构发现核心密码、普通密码泄密或者影响核心密码、普通密码安全的重大问题、风险隐患的,应当立即采取应对措施,并及时向保密行政管理部门、密码管理部门报告,由保密行政管理部门、密码管理部门会同有关部门组织开展调查、处置,并指导有关密码工作机构及时消除安全隐患。

第十八条 国家加强密码工作机构建设,保障其履行工作职责。

国家建立适应核心密码、普通密码工作需要的人员录用、选调、保密、考核、培训、待遇、奖惩、交流、退出等管理制度。

第十九条 密码管理部门因工作需要，按照国家有关规定，可以提请公安、交通运输、海关等部门对核心密码、普通密码有关物品和人员提供免检等便利，有关部门应当予以协助。

第二十条 密码管理部门和密码工作机构应当建立健全严格的监督和安全审查制度，对其工作人员遵守法律和纪律等情况进行监督，并依法采取必要措施，定期或者不定期组织开展安全审查。

第三章 商用密码

第二十一条 国家鼓励商用密码技术的研究开发、学术交流、成果转化和推广应用，健全统一、开放、竞争、有序的商用密码市场体系，鼓励和促进商用密码产业发展。

各级人民政府及其有关部门应当遵循非歧视原则，依法平等对待包括外商投资企业在内的商用密码科研、生产、销售、服务、进出口等单位（以下统称商用密码从业单位）。国家鼓励在外商投资过程中基于自愿原则和商业规则开展商用密码技术合作。行政机关及其工作人员不得利用行政手段强制转让商用密码技术。

商用密码的科研、生产、销售、服务和进出口，不得损害国家安全、社会公共利益或者他人合法权益。

第二十二条 国家建立和完善商用密码标准体系。

国务院标准化行政主管部门和国家密码管理部门依据各自职责，组织制定商用密码国家标准、行业标准。

国家支持社会团体、企业利用自主创新技术制定高于国家标准、行业标准相关技术要求的商用密码团体标准、企业标准。

第二十三条 国家推动参与商用密码国际标准化活动，参与制定商用密码国际标准，推进商用密码中国标准与国外标准之间的转化运用。

国家鼓励企业、社会团体和教育、科研机构等参与商用密码国际标准化活动。

第二十四条 商用密码从业单位开展商用密码活动，应当符合有关法律、行政法规、商用密码强制性国家标准以及该从业单位公开标准的技术要求。

国家鼓励商用密码从业单位采用商用密码推荐性国家标准、行业标准，提升商用密码的防护能力，维护用户的合法权益。

第二十五条 国家推进商用密码检测认证体系建设，制定商用密码检测认证技术规范、规则，鼓励商用密码从业单位自愿接受商用密码检测认证，提升市场竞争力。

商用密码检测、认证机构应当依法取得相关资质，并依照法律、行政法规的规定和商用密码检测认证技术规范、规则开展商用密码检测认证。

商用密码检测、认证机构应当对其在商用密码检测认证中所知悉的国家秘密和商业秘密承担保密义务。

第二十六条 涉及国家安全、国计民生、社会公共利益的商用密码产品，应当依法列入网络关键设备和网络安全专用产品目录，由具备资格的机构检测认证合格后，方可销售或者提供。商用密码产品检测认证适用《中华人民共和国网络安全法》的有关规定，避免重复检测认证。

商用密码服务使用网络关键设备和网络安全专用产品的，应当经商用密码认证机构对该商用密码服务认证合格。

第二十七条 法律、行政法规和国家有关规定要求使用商用密码进行保护的关键信息基础设施，其运营者应当使用商用密码进行保护，自行或者委托商用密码检测机构开展商用密码应用安全性评估。商用密码应用安全性评估应当与关键信息基础设施安全检测评估、网络安全等级测评制度相衔接，避免重复评估、测评。

关键信息基础设施的运营者采购涉及商用密码的网络产品和服务，可能影响国家安全的，应当按照《中华人民共和国网络安全法》的规定，通过国家网信部门会同国家密码管理部门等有关部门组织的国家安全审查。

第二十八条　国务院商务主管部门、国家密码管理部门依法对涉及国家安全、社会公共利益且具有加密保护功能的商用密码实施进口许可，对涉及国家安全、社会公共利益或者中国承担国际义务的商用密码实施出口管制。商用密码进口许可清单和出口管制清单由国务院商务主管部门会同国家密码管理部门和海关总署制定并公布。

大众消费类产品所采用的商用密码不实行进口许可和出口管制制度。

第二十九条　国家密码管理部门对采用商用密码技术从事电子政务电子认证服务的机构进行认定，会同有关部门负责政务活动中使用电子签名、数据电文的管理。

第三十条　商用密码领域的行业协会等组织依照法律、行政法规及其章程的规定，为商用密码从业单位提供信息、技术、培训等服务，引导和督促商用密码从业单位依法开展商用密码活动，加强行业自律，推动行业诚信建设，促进行业健康发展。

第三十一条　密码管理部门和有关部门建立日常监管和随机抽查相结合的商用密码事中事后监管制度，建立统一的商用密码监督管理信息平台，推进事中事后监管与社会信用体系相衔接，强化商用密码从业单位自律和社会监督。

密码管理部门和有关部门及其工作人员不得要求商用密码从业单位和商用密码检测、认证机构向其披露源代码等密码相关专有信息，并对其在履行职责中知悉的商业秘密和个人隐私严格保密，不得泄露或者非法向他人提供。

第四章 法律责任

第三十二条 违反本法第十二条规定，窃取他人加密保护的信息，非法侵入他人的密码保障系统，或者利用密码从事危害国家安全、社会公共利益、他人合法权益等违法活动的，由有关部门依照《中华人民共和国网络安全法》和其他有关法律、行政法规的规定追究法律责任。

第三十三条 违反本法第十四条规定，未按照要求使用核心密码、普通密码的，由密码管理部门责令改正或者停止违法行为，给予警告；情节严重的，由密码管理部门建议有关国家机关、单位对直接负责的主管人员和其他直接责任人员依法给予处分或者处理。

第三十四条 违反本法规定，发生核心密码、普通密码泄密案件的，由保密行政管理部门、密码管理部门建议有关国家机关、单位对直接负责的主管人员和其他直接责任人员依法给予处分或者处理。

违反本法第十七条第二款规定，发现核心密码、普通密码泄密或者影响核心密码、普通密码安全的重大问题、风险隐患，未立即采取应对措施，或者未及时报告的，由保密行政管理部门、密码管理部门建议有关国家机关、单位对直接负责的主管人员和其他直接责任人员依法给予处分或者处理。

第三十五条 商用密码检测、认证机构违反本法第二十五条第二款、第三款规定开展商用密码检测认证的，由市场监督管理部门会同密码管理部门责令改正或者停止违法行为，给予警告，没收违法所得；违法所得三十万元以上的，可以并处违法所得一倍以上三倍以下罚款；没有违法所得或者违法所得不足三十万元的，可以并处十万元以上三十万元以下罚款；情节严重的，依法吊销相关资质。

第三十六条 违反本法第二十六条规定,销售或者提供未经检测认证或者检测认证不合格的商用密码产品,或者提供未经认证或者认证不合格的商用密码服务的,由市场监督管理部门会同密码管理部门责令改正或者停止违法行为,给予警告,没收违法产品和违法所得;违法所得十万元以上的,可以并处违法所得一倍以上三倍以下罚款;没有违法所得或者违法所得不足十万元的,可以并处三万元以上十万元以下罚款。

第三十七条 关键信息基础设施的运营者违反本法第二十七条第一款规定,未按照要求使用商用密码,或者未按照要求开展商用密码应用安全性评估的,由密码管理部门责令改正,给予警告;拒不改正或者导致危害网络安全等后果的,处十万元以上一百万元以下罚款,对直接负责的主管人员处一万元以上十万元以下罚款。

关键信息基础设施的运营者违反本法第二十七条第二款规定,使用未经安全审查或者安全审查未通过的产品或者服务的,由有关主管部门责令停止使用,处采购金额一倍以上十倍以下罚款;对直接负责的主管人员和其他直接责任人员处一万元以上十万元以下罚款。

第三十八条 违反本法第二十八条实施进口许可、出口管制的规定,进出口商用密码的,由国务院商务主管部门或者海关依法予以处罚。

第三十九条 违反本法第二十九条规定,未经认定从事电子政务电子认证服务的,由密码管理部门责令改正或者停止违法行为,给予警告,没收违法产品和违法所得;违法所得三十万元以上的,可以并处违法所得一倍以上三倍以下罚款;没有违法所得或者违法所得不足三十万元的,可以并处十万元以上三十万元以下罚款。

第四十条 密码管理部门和有关部门、单位的工作人员在密码工作中滥用职权、玩忽职守、徇私舞弊,或者泄露、非法向他人提供在履行职责中知悉的商业秘密和个人隐私的，依法给予处分。

第四十一条　违反本法规定，构成犯罪的，依法追究刑事责任；给他人造成损害的，依法承担民事责任。

第五章　附　　则

第四十二条　国家密码管理部门依照法律、行政法规的规定，制定密码管理规章。

第四十三条　中国人民解放军和中国人民武装警察部队的密码工作管理办法，由中央军事委员会根据本法制定。

第四十四条　本法自2020年1月1日起施行。

有关法律问题的决定

全国人民代表大会常务委员会关于授权国务院在自由贸易试验区暂时调整适用有关法律规定的决定

（2019 年 10 月 26 日第十三届全国人民代表大会常务委员会第十四次会议通过）

为进一步优化营商环境，激发市场活力和社会创造力，加快政府职能转变，第十三届全国人民代表大会常务委员会第十四次会议决定：授权国务院在自由贸易试验区内，暂时调整适用《中华人民共和国对外贸易法》《中华人民共和国道路交通安全法》《中华人民共和国消防法》《中华人民共和国食品安全法》《中华人民共和国海关法》《中华人民共和国种子法》的有关规定（目录附后）。上述调整在三年内试行。对实践证明可行的，国务院应当提出修改有关法律的意见；对实践证明不宜调整的，在试点期满后恢复施行有关法律规定。

本决定自 2019 年 12 月 1 日起施行。

授权国务院在自由贸易试验区暂时调整适用有关法律规定目录

序号	名称	法律规定	调整内容
1	对外贸易经营者备案登记	《中华人民共和国对外贸易法》 **第九条** 从事货物进出口或者技术进出口的对外贸易经营者，应当向国务院对外贸易主管部门或者其委托的机构办理备案登记；但是，法律、行政法规和国务院对外贸易主管部门规定不需要备案登记的除外。备案登记的具体办法由国务院对外贸易主管部门规定。 对外贸易经营者未按照规定办理备案登记的，海关不予办理进出口货物的报关验放手续。	直接取消审批（取消对外贸易经营者备案登记）
2	拖拉机驾驶培训学校、驾驶培训班资格认定	《中华人民共和国道路交通安全法》 **第二十条第一款** 机动车的驾驶培训实行社会化，由交通主管部门对驾驶培训学校、驾驶培训班实行资格管理，其中专门的拖拉机驾驶培训学校、驾驶培训班由农业（农业机械）主管部门实行资格管理。	直接取消审批
3	消防技术服务机构资质审批	《中华人民共和国消防法》 **第三十四条** 消防产品质量认证、消防设施检测、消防安全监测等消防技术服务机构和执业人员，应当依法获得相应的资质、资格；依照法律、行政法规、国家标准、行业标准和执业准则，接受委托提供消防技术服务，并对服务质量负责。	直接取消审批
4	食品经营许可（仅销售预包装食品）	《中华人民共和国食品安全法》 **第三十五条** 国家对食品生产经营实行许可制度，从事食品生产、食品销售、餐饮服务，应当依法取得许可。但是，销售食用农产品，不需要取得许可。 县级以上地方人民政府食品安全监督管理部门应当依照《中华人民共和国行政许可法》的规定，审核申请人提交的本法第三十三条第一款第一项至第四项规定要求的相关资料，必要时对申请人的生产经营场所进行现场核查；对符合规定条件的，准予许可；对不符合规定条件的，不予许可并书面说明理由。	审批改为备案

续表

序号	名称	法律规定	调整内容
5	报关企业注册登记	《中华人民共和国海关法》 **第十一条第一款**　进出口货物收发货人、报关企业办理报关手续,必须依法经海关注册登记。未依法经海关注册登记,不得从事报关业务。	审批改为备案
6	公众聚集场所投入使用、营业前消防安全检查	《中华人民共和国消防法》 **第十五条**　公众聚集场所在投入使用、营业前,建设单位或者使用单位应当向场所所在地的县级以上地方人民政府消防救援机构申请消防安全检查。 消防救援机构应当自受理申请之日起十个工作日内,根据消防技术标准和管理规定,对该场所进行消防安全检查。未经消防安全检查或者经检查不符合消防安全要求的,不得投入使用、营业。	实行告知承诺(当事人承诺符合消防安全标准并提供相关材料的,消防救援机构不再进行实质性审查,当场作出审批决定。)
7	林草种子(进出口)生产经营许可证核发	《中华人民共和国种子法》 **第三十一条第一款**　从事种子进出口业务的种子生产经营许可证,由省、自治区、直辖市人民政府农业、林业主管部门审核,国务院农业、林业主管部门核发。 **第九十三条**　草种、烟草种、中药材种、食用菌菌种的种质资源管理和选育、生产经营、管理等活动,参照本法执行。	优化审批服务(取消省级林草部门实施的审核)

全国人民代表大会常务委员会关于授权澳门特别行政区对横琴口岸澳方口岸区及相关延伸区实施管辖的决定

（2019年10月26日第十三届全国人民代表大会常务委员会第十四次会议通过）

第十三届全国人民代表大会常务委员会第十四次会议审议了国务院关于提请审议授权澳门特别行政区对横琴口岸澳方口岸区及相关延伸区实施管辖的议案。

会议认为，为了实现澳门特别行政区与广东省珠海市之间基础设施的互联互通，为两地之间的交通运输、人员往来和经贸活动提供便利，有必要在位于广东省珠海市横琴岛的横琴口岸内设立澳方口岸区。全国人民代表大会常务委员会决定：

一、授权澳门特别行政区自横琴口岸澳方口岸区及相关延伸区启用之日起，在本决定第三条规定的期限内对该区域依照澳门特别行政区法律实施管辖。

二、授权澳门特别行政区实施管辖的区域包括横琴口岸澳方口岸区，莲花大桥和澳门大学连接横琴口岸通道桥相关部分（桥墩除外），以及澳门轻轨延伸至横琴口岸的预留空间，该预留空间用于建设行车隧道、站台以及连接站台和澳门特别行政区管辖区域的封闭通道等轻轨设施。上述区域根据实际情况分阶段启用。有关区域具体启用日期，以及具体坐标和面积，由国务院确定。在本决定第三条规定的期限内不得变更上述区域的用途。

三、澳门特别行政区政府以租赁方式取得横琴口岸澳方口岸区及相关延伸区的使用权，租赁期限自有关区域启用之日起至

2049 年 12 月 19 日止。租赁期限届满，经全国人民代表大会常务委员会决定，可以续期。

全国人民代表大会常务委员会关于国家监察委员会制定监察法规的决定

（2019 年 10 月 26 日第十三届全国人民代表大会常务委员会第十四次会议通过）

为了贯彻实施《中华人民共和国宪法》和《中华人民共和国监察法》，保障国家监察委员会依法履行最高监察机关职责，根据监察工作实际需要，第十三届全国人民代表大会常务委员会第十四次会议决定：

一、国家监察委员会根据宪法和法律，制定监察法规。

监察法规可以就下列事项作出规定：

（一）为执行法律的规定需要制定监察法规的事项；

（二）为履行领导地方各级监察委员会工作的职责需要制定监察法规的事项。

监察法规不得与宪法、法律相抵触。

二、监察法规应当经国家监察委员会全体会议决定，由国家监察委员会发布公告予以公布。

三、监察法规应当在公布后的三十日内报全国人民代表大会常务委员会备案。

全国人民代表大会常务委员会有权撤销同宪法和法律相抵触的监察法规。

四、本决定自 2019 年 10 月 27 日起施行。

行政法规

中华人民共和国食品安全法实施条例

（2009年7月20日中华人民共和国国务院令第557号公布　根据2016年2月6日《国务院关于修改部分行政法规的决定》修订　2019年3月26日国务院第42次常务会议修订通过　2019年10月11日中华人民共和国国务院令第721号公布　自2019年12月1日起施行）

第一章　总　　则

第一条　根据《中华人民共和国食品安全法》（以下简称食品安全法），制定本条例。

第二条　食品生产经营者应当依照法律、法规和食品安全标准从事生产经营活动，建立健全食品安全管理制度，采取有效措施预防和控制食品安全风险，保证食品安全。

第三条　国务院食品安全委员会负责分析食品安全形势，研究部署、统筹指导食品安全工作，提出食品安全监督管理的重大政策措施，督促落实食品安全监督管理责任。县级以上地方人民政府食品安全委员会按照本级人民政府规定的职责开展工作。

第四条　县级以上人民政府建立统一权威的食品安全监督管理体制，加强食品安全监督管理能力建设。

县级以上人民政府食品安全监督管理部门和其他有关部门应当依法履行职责，加强协调配合，做好食品安全监督管理工作。

乡镇人民政府和街道办事处应当支持、协助县级人民政府食品安全监督管理部门及其派出机构依法开展食品安全监督管理工作。

第五条 国家将食品安全知识纳入国民素质教育内容，普及食品安全科学常识和法律知识，提高全社会的食品安全意识。

第二章 食品安全风险监测和评估

第六条 县级以上人民政府卫生行政部门会同同级食品安全监督管理等部门建立食品安全风险监测会商机制，汇总、分析风险监测数据，研判食品安全风险，形成食品安全风险监测分析报告，报本级人民政府；县级以上地方人民政府卫生行政部门还应当将食品安全风险监测分析报告同时报上一级人民政府卫生行政部门。食品安全风险监测会商的具体办法由国务院卫生行政部门会同国务院食品安全监督管理等部门制定。

第七条 食品安全风险监测结果表明存在食品安全隐患，食品安全监督管理等部门经进一步调查确认有必要通知相关食品生产经营者的，应当及时通知。

接到通知的食品生产经营者应当立即进行自查，发现食品不符合食品安全标准或者有证据证明可能危害人体健康的，应当依照食品安全法第六十三条的规定停止生产、经营，实施食品召回，并报告相关情况。

第八条 国务院卫生行政、食品安全监督管理等部门发现需要对农药、肥料、兽药、饲料和饲料添加剂等进行安全性评估的，应当向国务院农业行政部门提出安全性评估建议。国务院农业行政部门应当及时组织评估，并向国务院有关部门通报评估结果。

第九条 国务院食品安全监督管理部门和其他有关部门建立食品安全风险信息交流机制，明确食品安全风险信息交流的内容、程序和要求。

第三章　食品安全标准

第十条　国务院卫生行政部门会同国务院食品安全监督管理、农业行政等部门制定食品安全国家标准规划及其年度实施计划。国务院卫生行政部门应当在其网站上公布食品安全国家标准规划及其年度实施计划的草案,公开征求意见。

第十一条　省、自治区、直辖市人民政府卫生行政部门依照食品安全法第二十九条的规定制定食品安全地方标准,应当公开征求意见。省、自治区、直辖市人民政府卫生行政部门应当自食品安全地方标准公布之日起30个工作日内,将地方标准报国务院卫生行政部门备案。国务院卫生行政部门发现备案的食品安全地方标准违反法律、法规或者食品安全国家标准的,应当及时予以纠正。

食品安全地方标准依法废止的,省、自治区、直辖市人民政府卫生行政部门应当及时在其网站上公布废止情况。

第十二条　保健食品、特殊医学用途配方食品、婴幼儿配方食品等特殊食品不属于地方特色食品,不得对其制定食品安全地方标准。

第十三条　食品安全标准公布后,食品生产经营者可以在食品安全标准规定的实施日期之前实施并公开提前实施情况。

第十四条　食品生产企业不得制定低于食品安全国家标准或者地方标准要求的企业标准。食品生产企业制定食品安全指标严于食品安全国家标准或者地方标准的企业标准的,应当报省、自治区、直辖市人民政府卫生行政部门备案。

食品生产企业制定企业标准的,应当公开,供公众免费查阅。

第四章　食品生产经营

第十五条　食品生产经营许可的有效期为5年。

食品生产经营者的生产经营条件发生变化，不再符合食品生产经营要求的，食品生产经营者应当立即采取整改措施；需要重新办理许可手续的，应当依法办理。

第十六条 国务院卫生行政部门应当及时公布新的食品原料、食品添加剂新品种和食品相关产品新品种目录以及所适用的食品安全国家标准。

对按照传统既是食品又是中药材的物质目录，国务院卫生行政部门会同国务院食品安全监督管理部门应当及时更新。

第十七条 国务院食品安全监督管理部门会同国务院农业行政等有关部门明确食品安全全程追溯基本要求，指导食品生产经营者通过信息化手段建立、完善食品安全追溯体系。

食品安全监督管理等部门应当将婴幼儿配方食品等针对特定人群的食品以及其他食品安全风险较高或者销售量大的食品的追溯体系建设作为监督检查的重点。

第十八条 食品生产经营者应当建立食品安全追溯体系，依照食品安全法的规定如实记录并保存进货查验、出厂检验、食品销售等信息，保证食品可追溯。

第十九条 食品生产经营企业的主要负责人对本企业的食品安全工作全面负责，建立并落实本企业的食品安全责任制，加强供货者管理、进货查验和出厂检验、生产经营过程控制、食品安全自查等工作。食品生产经营企业的食品安全管理人员应当协助企业主要负责人做好食品安全管理工作。

第二十条 食品生产经营企业应当加强对食品安全管理人员的培训和考核。食品安全管理人员应当掌握与其岗位相适应的食品安全法律、法规、标准和专业知识，具备食品安全管理能力。食品安全监督管理部门应当对企业食品安全管理人员进行随机监督抽查考核。考核指南由国务院食品安全监督管理部门制定、公布。

第二十一条 食品、食品添加剂生产经营者委托生产食品、食品添加剂的，应当委托取得食品生产许可、食品添加剂生产许可的生产者生产，并对其生产行为进行监督，对委托生产的食品、食品添加剂的安全负责。受托方应当依照法律、法规、食品安全标准以及合同约定进行生产，对生产行为负责，并接受委托方的监督。

第二十二条 食品生产经营者不得在食品生产、加工场所贮存依照本条例第六十三条规定制定的名录中的物质。

第二十三条 对食品进行辐照加工，应当遵守食品安全国家标准，并按照食品安全国家标准的要求对辐照加工食品进行检验和标注。

第二十四条 贮存、运输对温度、湿度等有特殊要求的食品，应当具备保温、冷藏或者冷冻等设备设施，并保持有效运行。

第二十五条 食品生产经营者委托贮存、运输食品的，应当对受托方的食品安全保障能力进行审核，并监督受托方按照保证食品安全的要求贮存、运输食品。受托方应当保证食品贮存、运输条件符合食品安全的要求，加强食品贮存、运输过程管理。

接受食品生产经营者委托贮存、运输食品的，应当如实记录委托方和收货方的名称、地址、联系方式等内容。记录保存期限不得少于贮存、运输结束后2年。

非食品生产经营者从事对温度、湿度等有特殊要求的食品贮存业务的，应当自取得营业执照之日起30个工作日内向所在地县级人民政府食品安全监督管理部门备案。

第二十六条 餐饮服务提供者委托餐具饮具集中消毒服务单位提供清洗消毒服务的，应当查验、留存餐具饮具集中消毒服务单位的营业执照复印件和消毒合格证明。保存期限不得少于消毒餐具饮具使用期限到期后6个月。

第二十七条 餐具饮具集中消毒服务单位应当建立餐具饮具出厂检验记录制度，如实记录出厂餐具饮具的数量、消毒日期和批号、使用期限、出厂日期以及委托方名称、地址、联系方式等内容。出厂检验记录保存期限不得少于消毒餐具饮具使用期限到期后6个月。消毒后的餐具饮具应当在独立包装上标注单位名称、地址、联系方式、消毒日期和批号以及使用期限等内容。

第二十八条 学校、托幼机构、养老机构、建筑工地等集中用餐单位的食堂应当执行原料控制、餐具饮具清洗消毒、食品留样等制度，并依照食品安全法第四十七条的规定定期开展食堂食品安全自查。

承包经营集中用餐单位食堂的，应当依法取得食品经营许可，并对食堂的食品安全负责。集中用餐单位应当督促承包方落实食品安全管理制度，承担管理责任。

第二十九条 食品生产经营者应当对变质、超过保质期或者回收的食品进行显著标示或者单独存放在有明确标志的场所，及时采取无害化处理、销毁等措施并如实记录。

食品安全法所称回收食品，是指已经售出，因违反法律、法规、食品安全标准或者超过保质期等原因，被召回或者退回的食品，不包括依照食品安全法第六十三条第三款的规定可以继续销售的食品。

第三十条 县级以上地方人民政府根据需要建设必要的食品无害化处理和销毁设施。食品生产经营者可以按照规定使用政府建设的设施对食品进行无害化处理或者予以销毁。

第三十一条 食品集中交易市场的开办者、食品展销会的举办者应当在市场开业或者展销会举办前向所在地县级人民政府食品安全监督管理部门报告。

第三十二条 网络食品交易第三方平台提供者应当妥善保存入网食品经营者的登记信息和交易信息。县级以上人民政府食品安全监督管理部门开展食品安全监督检查、食品安全案件调查处理、食品安全事故处置确需了解有关信息的，经其负责人批准，可以要求网络食品交易第三方平台提供者提供，网络食品交易第三方平台提供者应当按照要求提供。县级以上人民政府食品安全监督管理部门及其工作人员对网络食品交易第三方平台提供者提供的信息依法负有保密义务。

第三十三条 生产经营转基因食品应当显著标示，标示办法由国务院食品安全监督管理部门会同国务院农业行政部门制定。

第三十四条 禁止利用包括会议、讲座、健康咨询在内的任何方式对食品进行虚假宣传。食品安全监督管理部门发现虚假宣传行为的，应当依法及时处理。

第三十五条 保健食品生产工艺有原料提取、纯化等前处理工序的，生产企业应当具备相应的原料前处理能力。

第三十六条 特殊医学用途配方食品生产企业应当按照食品安全国家标准规定的检验项目对出厂产品实施逐批检验。

特殊医学用途配方食品中的特定全营养配方食品应当通过医疗机构或者药品零售企业向消费者销售。医疗机构、药品零售企业销售特定全营养配方食品的，不需要取得食品经营许可，但是应当遵守食品安全法和本条例关于食品销售的规定。

第三十七条 特殊医学用途配方食品中的特定全营养配方食品广告按照处方药广告管理，其他类别的特殊医学用途配方食品广告按照非处方药广告管理。

第三十八条 对保健食品之外的其他食品，不得声称具有保健功能。

对添加食品安全国家标准规定的选择性添加物质的婴幼儿配方食品，不得以选择性添加物质命名。

第三十九条 特殊食品的标签、说明书内容应当与注册或者备案的标签、说明书一致。销售特殊食品，应当核对食品标签、说明书内容是否与注册或者备案的标签、说明书一致，不一致的不得销售。省级以上人民政府食品安全监督管理部门应当在其网站上公布注册或者备案的特殊食品的标签、说明书。

特殊食品不得与普通食品或者药品混放销售。

第五章 食品检验

第四十条 对食品进行抽样检验，应当按照食品安全标准、注册或者备案的特殊食品的产品技术要求以及国家有关规定确定的检验项目和检验方法进行。

第四十一条 对可能掺杂掺假的食品，按照现有食品安全标准规定的检验项目和检验方法以及依照食品安全法第一百一十一条和本条例第六十三条规定制定的检验项目和检验方法无法检验的，国务院食品安全监督管理部门可以制定补充检验项目和检验方法，用于对食品的抽样检验、食品安全案件调查处理和食品安全事故处置。

第四十二条 依照食品安全法第八十八条的规定申请复检的，申请人应当向复检机构先行支付复检费用。复检结论表明食品不合格的，复检费用由复检申请人承担；复检结论表明食品合格的，复检费用由实施抽样检验的食品安全监督管理部门承担。

复检机构无正当理由不得拒绝承担复检任务。

第四十三条 任何单位和个人不得发布未依法取得资质认定的食品检验机构出具的食品检验信息，不得利用上述检验信息对食品、食品生产经营者进行等级评定，欺骗、误导消费者。

第六章 食品进出口

第四十四条 进口商进口食品、食品添加剂，应当按照规定向出入境检验检疫机构报检，如实申报产品相关信息，并随附法律、行政法规规定的合格证明材料。

第四十五条 进口食品运达口岸后，应当存放在出入境检验检疫机构指定或者认可的场所；需要移动的，应当按照出入境检验检疫机构的要求采取必要的安全防护措施。大宗散装进口食品应当在卸货口岸进行检验。

第四十六条 国家出入境检验检疫部门根据风险管理需要，可以对部分食品实行指定口岸进口。

第四十七条 国务院卫生行政部门依照食品安全法第九十三

条的规定对境外出口商、境外生产企业或者其委托的进口商提交的相关国家(地区)标准或者国际标准进行审查,认为符合食品安全要求的,决定暂予适用并予以公布;暂予适用的标准公布前,不得进口尚无食品安全国家标准的食品。

食品安全国家标准中通用标准已经涵盖的食品不属于食品安全法第九十三条规定的尚无食品安全国家标准的食品。

第四十八条 进口商应当建立境外出口商、境外生产企业审核制度,重点审核境外出口商、境外生产企业制定和执行食品安全风险控制措施的情况以及向我国出口的食品是否符合食品安全法、本条例和其他有关法律、行政法规的规定以及食品安全国家标准的要求。

第四十九条 进口商依照食品安全法第九十四条第三款的规定召回进口食品的,应当将食品召回和处理情况向所在地县级人民政府食品安全监督管理部门和所在地出入境检验检疫机构报告。

第五十条 国家出入境检验检疫部门发现已经注册的境外食品生产企业不再符合注册要求的,应当责令其在规定期限内整改,整改期间暂停进口其生产的食品;经整改仍不符合注册要求的,国家出入境检验检疫部门应当撤销境外食品生产企业注册并公告。

第五十一条 对通过我国良好生产规范、危害分析与关键控制点体系认证的境外生产企业,认证机构应当依法实施跟踪调查。对不再符合认证要求的企业,认证机构应当依法撤销认证并向社会公布。

第五十二条 境外发生的食品安全事件可能对我国境内造成影响,或者在进口食品、食品添加剂、食品相关产品中发现严重食品安全问题的,国家出入境检验检疫部门应当及时进行风险预警,并可以对相关的食品、食品添加剂、食品相关产品采取下列控制措施:

(一)退货或者销毁处理;

（二）有条件地限制进口；

（三）暂停或者禁止进口。

第五十三条 出口食品、食品添加剂的生产企业应当保证其出口食品、食品添加剂符合进口国家（地区）的标准或者合同要求；我国缔结或者参加的国际条约、协定有要求的，还应当符合国际条约、协定的要求。

第七章 食品安全事故处置

第五十四条 食品安全事故按照国家食品安全事故应急预案实行分级管理。县级以上人民政府食品安全监督管理部门会同同级有关部门负责食品安全事故调查处理。

县级以上人民政府应当根据实际情况及时修改、完善食品安全事故应急预案。

第五十五条 县级以上人民政府应当完善食品安全事故应急管理机制，改善应急装备，做好应急物资储备和应急队伍建设，加强应急培训、演练。

第五十六条 发生食品安全事故的单位应当对导致或者可能导致食品安全事故的食品及原料、工具、设备、设施等，立即采取封存等控制措施。

第五十七条 县级以上人民政府食品安全监督管理部门接到食品安全事故报告后，应当立即会同同级卫生行政、农业行政等部门依照食品安全法第一百零五条的规定进行调查处理。食品安全监督管理部门应当对事故单位封存的食品及原料、工具、设备、设施等予以保护，需要封存而事故单位尚未封存的应当直接封存或者责令事故单位立即封存，并通知疾病预防控制机构对与事故有关的因素开展流行病学调查。

疾病预防控制机构应当在调查结束后向同级食品安全监督管理、卫生行政部门同时提交流行病学调查报告。

任何单位和个人不得拒绝、阻挠疾病预防控制机构开展流行病学调查。有关部门应当对疾病预防控制机构开展流行病学调查予以协助。

第五十八条 国务院食品安全监督管理部门会同国务院卫生行政、农业行政等部门定期对全国食品安全事故情况进行分析，完善食品安全监督管理措施，预防和减少事故的发生。

第八章 监督管理

第五十九条 设区的市级以上人民政府食品安全监督管理部门根据监督管理工作需要，可以对由下级人民政府食品安全监督管理部门负责日常监督管理的食品生产经营者实施随机监督检查，也可以组织下级人民政府食品安全监督管理部门对食品生产经营者实施异地监督检查。

设区的市级以上人民政府食品安全监督管理部门认为必要的，可以直接调查处理下级人民政府食品安全监督管理部门管辖的食品安全违法案件，也可以指定其他下级人民政府食品安全监督管理部门调查处理。

第六十条 国家建立食品安全检查员制度，依托现有资源加强职业化检查员队伍建设，强化考核培训，提高检查员专业化水平。

第六十一条 县级以上人民政府食品安全监督管理部门依照食品安全法第一百一十条的规定实施查封、扣押措施，查封、扣押的期限不得超过 30 日；情况复杂的，经实施查封、扣押措施的食品安全监督管理部门负责人批准，可以延长，延长期限不得超过 45 日。

第六十二条 网络食品交易第三方平台多次出现入网食品经营者违法经营或者入网食品经营者的违法经营行为造成严重后果的，县级以上人民政府食品安全监督管理部门可以对网络食品交易第三方平台提供者的法定代表人或者主要负责人进行责任约谈。

第六十三条 国务院食品安全监督管理部门会同国务院卫生行政等部门根据食源性疾病信息、食品安全风险监测信息和监督管理信息等，对发现的添加或者可能添加到食品中的非食品用化学物质和其他可能危害人体健康的物质，制定名录及检测方法并予以公布。

第六十四条 县级以上地方人民政府卫生行政部门应当对餐具饮具集中消毒服务单位进行监督检查，发现不符合法律、法规、国家相关标准以及相关卫生规范等要求的，应当及时调查处理。监督检查的结果应当向社会公布。

第六十五条 国家实行食品安全违法行为举报奖励制度，对查证属实的举报，给予举报人奖励。举报人举报所在企业食品安全重大违法犯罪行为的，应当加大奖励力度。有关部门应当对举报人的信息予以保密，保护举报人的合法权益。食品安全违法行为举报奖励办法由国务院食品安全监督管理部门会同国务院财政等有关部门制定。

食品安全违法行为举报奖励资金纳入各级人民政府预算。

第六十六条 国务院食品安全监督管理部门应当会同国务院有关部门建立守信联合激励和失信联合惩戒机制，结合食品生产经营者信用档案，建立严重违法生产经营者黑名单制度，将食品安全信用状况与准入、融资、信贷、征信等相衔接，及时向社会公布。

第九章 法律责任

第六十七条 有下列情形之一的，属于食品安全法第一百二十三条至第一百二十六条、第一百三十二条以及本条例第七十二条、第七十三条规定的情节严重情形：

（一）违法行为涉及的产品货值金额2万元以上或者违法行为

持续时间3个月以上；

（二）造成食源性疾病并出现死亡病例，或者造成30人以上食源性疾病但未出现死亡病例；

（三）故意提供虚假信息或者隐瞒真实情况；

（四）拒绝、逃避监督检查；

（五）因违反食品安全法律、法规受到行政处罚后1年内又实施同一性质的食品安全违法行为，或者因违反食品安全法律、法规受到刑事处罚后又实施食品安全违法行为；

（六）其他情节严重的情形。

对情节严重的违法行为处以罚款时，应当依法从重从严。

第六十八条　有下列情形之一的，依照食品安全法第一百二十五条第一款、本条例第七十五条的规定给予处罚：

（一）在食品生产、加工场所贮存依照本条例第六十三条规定制定的名录中的物质；

（二）生产经营的保健食品之外的食品的标签、说明书声称具有保健功能；

（三）以食品安全国家标准规定的选择性添加物质命名婴幼儿配方食品；

（四）生产经营的特殊食品的标签、说明书内容与注册或者备案的标签、说明书不一致。

第六十九条　有下列情形之一的，依照食品安全法第一百二十六条第一款、本条例第七十五条的规定给予处罚：

（一）接受食品生产经营者委托贮存、运输食品，未按照规定记录保存信息；

（二）餐饮服务提供者未查验、留存餐具饮具集中消毒服务单位的营业执照复印件和消毒合格证明；

（三）食品生产经营者未按照规定对变质、超过保质期或者回收的食品进行标示或者存放，或者未及时对上述食品采取无害化处理、销毁等措施并如实记录；

（四）医疗机构和药品零售企业之外的单位或者个人向消费者销售特殊医学用途配方食品中的特定全营养配方食品；

（五）将特殊食品与普通食品或者药品混放销售。

第七十条 除食品安全法第一百二十五条第一款、第一百二十六条规定的情形外，食品生产经营者的生产经营行为不符合食品安全法第三十三条第一款第五项、第七项至第十项的规定，或者不符合有关食品生产经营过程要求的食品安全国家标准的，依照食品安全法第一百二十六条第一款、本条例第七十五条的规定给予处罚。

第七十一条 餐具饮具集中消毒服务单位未按照规定建立并遵守出厂检验记录制度的，由县级以上人民政府卫生行政部门依照食品安全法第一百二十六条第一款、本条例第七十五条的规定给予处罚。

第七十二条 从事对温度、湿度等有特殊要求的食品贮存业务的非食品生产经营者，食品集中交易市场的开办者、食品展销会的举办者，未按照规定备案或者报告的，由县级以上人民政府食品安全监督管理部门责令改正，给予警告；拒不改正的，处 1 万元以上 5 万元以下罚款；情节严重的，责令停产停业，并处 5 万元以上 20 万元以下罚款。

第七十三条 利用会议、讲座、健康咨询等方式对食品进行虚假宣传的，由县级以上人民政府食品安全监督管理部门责令消除影响，有违法所得的，没收违法所得；情节严重的，依照食品安全法第一百四十条第五款的规定进行处罚；属于单位违法的，还应当依照本条例第七十五条的规定对单位的法定代表人、主要负责人、直接负责的主管人员和其他直接责任人员给予处罚。

第七十四条 食品生产经营者生产经营的食品符合食品安全标准但不符合食品所标注的企业标准规定的食品安全指标的，由县级以上人民政府食品安全监督管理部门给予警告，并责令食品经营者停止经营该食品，责令食品生产企业改正；拒不停止经营或者改正的，没收不符合企业标准规定的食品安全指标的食品，货值金额不足1万元的，并处1万元以上5万元以下罚款，货值金额1万元以上的，并处货值金额5倍以上10倍以下罚款。

第七十五条 食品生产经营企业等单位有食品安全法规定的违法情形，除依照食品安全法的规定给予处罚外，有下列情形之一的，对单位的法定代表人、主要负责人、直接负责的主管人员和其他直接责任人员处以其上一年度从本单位取得收入的1倍以上10倍以下罚款：

（一）故意实施违法行为；

（二）违法行为性质恶劣；

（三）违法行为造成严重后果。

属于食品安全法第一百二十五条第二款规定情形的，不适用前款规定。

第七十六条 食品生产经营者依照食品安全法第六十三条第一款、第二款的规定停止生产、经营，实施食品召回，或者采取其他有效措施减轻或者消除食品安全风险，未造成危害后果的，可以从轻或者减轻处罚。

第七十七条 县级以上地方人民政府食品安全监督管理等部门对有食品安全法第一百二十三条规定的违法情形且情节严重，可能需要行政拘留的，应当及时将案件及有关材料移送同级公安机关。公安机关认为需要补充材料的，食品安全监督管理等部门应当及时提供。公安机关经审查认为不符合行政拘留条件的，应当及时将案件及有关材料退回移送的食品安全监督管理等部门。

第七十八条 公安机关对发现的食品安全违法行为，经审查没有犯罪事实或者立案侦查后认为不需要追究刑事责任，但依法应当予以行政拘留的，应当及时作出行政拘留的处罚决定；不需要予以行政拘留但依法应当追究其他行政责任的，应当及时将案件及有关材料移送同级食品安全监督管理等部门。

第七十九条 复检机构无正当理由拒绝承担复检任务的，由县级以上人民政府食品安全监督管理部门给予警告，无正当理由1年内2次拒绝承担复检任务的，由国务院有关部门撤销其复检机构资质并向社会公布。

第八十条 发布未依法取得资质认定的食品检验机构出具的食品检验信息，或者利用上述检验信息对食品、食品生产经营者进行等级评定，欺骗、误导消费者的，由县级以上人民政府食品安全监督管理部门责令改正，有违法所得的，没收违法所得，并处10万元以上50万元以下罚款；拒不改正的，处50万元以上100万元以下罚款；构成违反治安管理行为的，由公安机关依法给予治安管理处罚。

第八十一条 食品安全监督管理部门依照食品安全法、本条例对违法单位或者个人处以30万元以上罚款的，由设区的市级以上人民政府食品安全监督管理部门决定。罚款具体处罚权限由国务院食品安全监督管理部门规定。

第八十二条 阻碍食品安全监督管理等部门工作人员依法执行职务，构成违反治安管理行为的，由公安机关依法给予治安管理处罚。

第八十三条 县级以上人民政府食品安全监督管理等部门发现单位或者个人违反食品安全法第一百二十条第一款规定，编造、散布虚假食品安全信息，涉嫌构成违反治安管理行为的，应当将相关情况通报同级公安机关。

第八十四条 县级以上人民政府食品安全监督管理部门及其工作人员违法向他人提供网络食品交易第三方平台提供者提供的信息的，依照食品安全法第一百四十五条的规定给予处分。

第八十五条 违反本条例规定，构成犯罪的，依法追究刑事责任。

第十章　附　　则

第八十六条 本条例自2019年12月1日起施行。

优化营商环境条例

（2019 年 10 月 8 日国务院第 66 次常务会议通过 2019 年 10 月 22 日中华人民共和国国务院令第 722 号公布 自 2020 年 1 月 1 日起施行）

第一章 总 则

第一条 为了持续优化营商环境，不断解放和发展社会生产力，加快建设现代化经济体系，推动高质量发展，制定本条例。

第二条 本条例所称营商环境，是指企业等市场主体在市场经济活动中所涉及的体制机制性因素和条件。

第三条 国家持续深化简政放权、放管结合、优化服务改革，最大限度减少政府对市场资源的直接配置，最大限度减少政府对市场活动的直接干预，加强和规范事中事后监管，着力提升政务服务能力和水平，切实降低制度性交易成本，更大激发市场活力和社会创造力，增强发展动力。

各级人民政府及其部门应当坚持政务公开透明，以公开为常态、不公开为例外，全面推进决策、执行、管理、服务、结果公开。

第四条 优化营商环境应当坚持市场化、法治化、国际化原则，以市场主体需求为导向，以深刻转变政府职能为核心，创新体制机制、强化协同联动、完善法治保障，对标国际先进水平，为各类市场主体投资兴业营造稳定、公平、透明、可预期的良好环境。

第五条 国家加快建立统一开放、竞争有序的现代市场体系，依法促进各类生产要素自由流动，保障各类市场主体公平参与市场竞争。

第六条 国家鼓励、支持、引导非公有制经济发展，激发非公有制经济活力和创造力。

国家进一步扩大对外开放，积极促进外商投资，平等对待内资企业、外商投资企业等各类市场主体。

第七条 各级人民政府应当加强对优化营商环境工作的组织领导，完善优化营商环境的政策措施，建立健全统筹推进、督促落实优化营商环境工作的相关机制，及时协调、解决优化营商环境工作中的重大问题。

县级以上人民政府有关部门应当按照职责分工，做好优化营商环境的相关工作。县级以上地方人民政府根据实际情况，可以明确优化营商环境工作的主管部门。

国家鼓励和支持各地区、各部门结合实际情况，在法治框架内积极探索原创性、差异化的优化营商环境具体措施；对探索中出现失误或者偏差，符合规定条件的，可以予以免责或者减轻责任。

第八条 国家建立和完善以市场主体和社会公众满意度为导向的营商环境评价体系，发挥营商环境评价对优化营商环境的引领和督促作用。

开展营商环境评价，不得影响各地区、各部门正常工作，不得影响市场主体正常生产经营活动或者增加市场主体负担。

任何单位不得利用营商环境评价谋取利益。

第九条 市场主体应当遵守法律法规，恪守社会公德和商业道德，诚实守信、公平竞争，履行安全、质量、劳动者权益保护、消费者权益保护等方面的法定义务，在国际经贸活动中遵循国际通行规则。

第二章 市场主体保护

第十条 国家坚持权利平等、机会平等、规则平等，保障各种所有制经济平等受到法律保护。

第十一条 市场主体依法享有经营自主权。对依法应当由市场主体自主决策的各类事项，任何单位和个人不得干预。

第十二条 国家保障各类市场主体依法平等使用资金、技术、人力资源、土地使用权及其他自然资源等各类生产要素和公共服务资源。

各类市场主体依法平等适用国家支持发展的政策。政府及其有关部门在政府资金安排、土地供应、税费减免、资质许可、标准制定、项目申报、职称评定、人力资源政策等方面，应当依法平等对待各类市场主体，不得制定或者实施歧视性政策措施。

第十三条 招标投标和政府采购应当公开透明、公平公正，依法平等对待各类所有制和不同地区的市场主体，不得以不合理条件或者产品产地来源等进行限制或者排斥。

政府有关部门应当加强招标投标和政府采购监管，依法纠正和查处违法违规行为。

第十四条 国家依法保护市场主体的财产权和其他合法权益，保护企业经营者人身和财产安全。

严禁违反法定权限、条件、程序对市场主体的财产和企业经营者个人财产实施查封、冻结和扣押等行政强制措施；依法确需实施前述行政强制措施的，应当限定在所必需的范围内。

禁止在法律、法规规定之外要求市场主体提供财力、物力或者人力的摊派行为。市场主体有权拒绝任何形式的摊派。

第十五条 国家建立知识产权侵权惩罚性赔偿制度，推动建立知识产权快速协同保护机制，健全知识产权纠纷多元化解决机制和知识产权维权援助机制，加大对知识产权的保护力度。

国家持续深化商标注册、专利申请便利化改革，提高商标注册、专利申请审查效率。

第十六条 国家加大中小投资者权益保护力度，完善中小投资者权益保护机制，保障中小投资者的知情权、参与权，提升中小投资者维护合法权益的便利度。

第十七条 除法律、法规另有规定外，市场主体有权自主决定加入或者退出行业协会商会等社会组织，任何单位和个人不得干预。

除法律、法规另有规定外，任何单位和个人不得强制或者变相强制市场主体参加评比、达标、表彰、培训、考核、考试以及类似活动，不得借前述活动向市场主体收费或者变相收费。

第十八条 国家推动建立全国统一的市场主体维权服务平台，为市场主体提供高效、便捷的维权服务。

第三章 市场环境

第十九条 国家持续深化商事制度改革，统一企业登记业务规范，统一数据标准和平台服务接口，采用统一社会信用代码进行登记管理。

国家推进"证照分离"改革，持续精简涉企经营许可事项，依法采取直接取消审批、审批改为备案、实行告知承诺、优化审批服务等方式，对所有涉企经营许可事项进行分类管理，为企业取得营业执照后开展相关经营活动提供便利。除法律、行政法规规定的特定领域外，涉企经营许可事项不得作为企业登记的前置条件。

政府有关部门应当按照国家有关规定，简化企业从申请设立到具备一般性经营条件所需办理的手续。在国家规定的企业开办时限内，各地区应当确定并公开具体办理时间。

企业申请办理住所等相关变更登记的，有关部门应当依法及时办理，不得限制。除法律、法规、规章另有规定外，企业迁移后其持有的有效许可证件不再重复办理。

第二十条 国家持续放宽市场准入，并实行全国统一的市场准入负面清单制度。市场准入负面清单以外的领域，各类市场主体均可以依法平等进入。

各地区、各部门不得另行制定市场准入性质的负面清单。

第二十一条 政府有关部门应当加大反垄断和反不正当竞争执法力度，有效预防和制止市场经济活动中的垄断行为、不正当竞争行为以及滥用行政权力排除、限制竞争的行为，营造公平竞争的市场环境。

第二十二条 国家建立健全统一开放、竞争有序的人力资源市场体系，打破城乡、地区、行业分割和身份、性别等歧视，促进人力资源有序社会性流动和合理配置。

第二十三条 政府及其有关部门应当完善政策措施、强化创新服务，鼓励和支持市场主体拓展创新空间，持续推进产品、技术、商业模式、管理等创新，充分发挥市场主体在推动科技成果转化中的作用。

第二十四条 政府及其有关部门应当严格落实国家各项减税降费政策，及时研究解决政策落实中的具体问题，确保减税降费政策全面、及时惠及市场主体。

第二十五条 设立政府性基金、涉企行政事业性收费、涉企保证金，应当有法律、行政法规依据或者经国务院批准。对政府性基金、涉企行政事业性收费、涉企保证金以及实行政府定价的经营服务性收费，实行目录清单管理并向社会公开，目录清单之外的前述收费和保证金一律不得执行。推广以金融机构保函替代现金缴纳涉企保证金。

第二十六条 国家鼓励和支持金融机构加大对民营企业、中小企业的支持力度，降低民营企业、中小企业综合融资成本。

金融监督管理部门应当完善对商业银行等金融机构的监管考核和激励机制，鼓励、引导其增加对民营企业、中小企业的信贷投放，并合理增加中长期贷款和信用贷款支持，提高贷款审批效率。

商业银行等金融机构在授信中不得设置不合理条件，不得对民营企业、中小企业设置歧视性要求。商业银行等金融机构应当按照国家有关规定规范收费行为，不得违规向服务对象收取不合理费用。商业银行应当向社会公开开设企业账户的服务标准、资费标准和办理时限。

第二十七条 国家促进多层次资本市场规范健康发展，拓宽市场主体融资渠道，支持符合条件的民营企业、中小企业依法发行股票、债券以及其他融资工具，扩大直接融资规模。

第二十八条 供水、供电、供气、供热等公用企事业单位应当向社会公开服务标准、资费标准等信息，为市场主体提供安全、便捷、稳定和价格合理的服务，不得强迫市场主体接受不合理的服务条件，不得以任何名义收取不合理费用。各地区应当优化报装流程，在国家规定的报装办理时限内确定并公开具体办理时间。

政府有关部门应当加强对公用企事业单位运营的监督管理。

第二十九条 行业协会商会应当依照法律、法规和章程，加强行业自律，及时反映行业诉求，为市场主体提供信息咨询、宣传培训、市场拓展、权益保护、纠纷处理等方面的服务。

国家依法严格规范行业协会商会的收费、评比、认证等行为。

第三十条 国家加强社会信用体系建设，持续推进政务诚信、商务诚信、社会诚信和司法公信建设，提高全社会诚信意识和信用水平，维护信用信息安全，严格保护商业秘密和个人隐私。

第三十一条 地方各级人民政府及其有关部门应当履行向市场主体依法作出的政策承诺以及依法订立的各类合同，不得以行政区划调整、政府换届、机构或者职能调整以及相关责任人更替等为由违约毁约。因国家利益、社会公共利益需要改变政策承诺、合同约定的，应当依照法定权限和程序进行，并依法对市场主体因此受到的损失予以补偿。

第三十二条 国家机关、事业单位不得违约拖欠市场主体的货物、工程、服务等账款，大型企业不得利用优势地位拖欠中小企业账款。

县级以上人民政府及其有关部门应当加大对国家机关、事业单位拖欠市场主体账款的清理力度，并通过加强预算管理、严格责任追究等措施，建立防范和治理国家机关、事业单位拖欠市场主体账款的长效机制。

第三十三条 政府有关部门应当优化市场主体注销办理流程，精简申请材料、压缩办理时间、降低注销成本。对设立后未开展生产经营活动或者无债权债务的市场主体,可以按照简易程序办理注销。对有债权债务的市场主体,在债权债务依法解决后及时办理注销。

县级以上地方人民政府应当根据需要建立企业破产工作协调机制,协调解决企业破产过程中涉及的有关问题。

第四章 政务服务

第三十四条 政府及其有关部门应当进一步增强服务意识,切实转变工作作风,为市场主体提供规范、便利、高效的政务服务。

第三十五条 政府及其有关部门应当推进政务服务标准化,按照减环节、减材料、减时限的要求,编制并向社会公开政务服务事项(包括行政权力事项和公共服务事项,下同)标准化工作流程和办事指南,细化量化政务服务标准,压缩自由裁量权,推进同一事项实行无差别受理、同标准办理。没有法律、法规、规章依据,不得增设政务服务事项的办理条件和环节。

第三十六条 政府及其有关部门办理政务服务事项,应当根据实际情况,推行当场办结、一次办结、限时办结等制度,实现集中办理、就近办理、网上办理、异地可办。需要市场主体补正有关材料、手续的,应当一次性告知需要补正的内容;需要进行现场踏勘、现场核查、技术审查、听证论证的,应当及时安排、限时办结。

法律、法规、规章以及国家有关规定对政务服务事项办理时限有规定的,应当在规定的时限内尽快办结;没有规定的,应当按照合理、高效的原则确定办理时限并按时办结。各地区可以在国家规定的政务服务事项办理时限内进一步压减时间,并应当向社会公开;超过办理时间的,办理单位应当公开说明理由。

地方各级人民政府已设立政务服务大厅的,本行政区域内各类政务服务事项一般应当进驻政务服务大厅统一办理。对政务服务大厅中部门分设的服务窗口,应当创造条件整合为综合窗口,提供一站式服务。

第三十七条 国家加快建设全国一体化在线政务服务平台（以下称一体化在线平台），推动政务服务事项在全国范围内实现“一网通办”。除法律、法规另有规定或者涉及国家秘密等情形外，政务服务事项应当按照国务院确定的步骤，纳入一体化在线平台办理。

国家依托一体化在线平台，推动政务信息系统整合，优化政务流程，促进政务服务跨地区、跨部门、跨层级数据共享和业务协同。政府及其有关部门应当按照国家有关规定，提供数据共享服务，及时将有关政务服务数据上传至一体化在线平台，加强共享数据使用全过程管理，确保共享数据安全。

国家建立电子证照共享服务系统，实现电子证照跨地区、跨部门共享和全国范围内互信互认。各地区、各部门应当加强电子证照的推广应用。

各地区、各部门应当推动政务服务大厅与政务服务平台全面对接融合。市场主体有权自主选择政务服务办理渠道，行政机关不得限定办理渠道。

第三十八条 政府及其有关部门应当通过政府网站、一体化在线平台，集中公布涉及市场主体的法律、法规、规章、行政规范性文件和各类政策措施，并通过多种途径和方式加强宣传解读。

第三十九条 国家严格控制新设行政许可。新设行政许可应当按照行政许可法和国务院的规定严格设定标准，并进行合法性、必要性和合理性审查论证。对通过事中事后监管或者市场机制能够解决以及行政许可法和国务院规定不得设立行政许可的事项，一律不得设立行政许可，严禁以备案、登记、注册、目录、规划、年检、年报、监制、认定、认证、审定以及其他任何形式变相设定或者实施行政许可。

法律、行政法规和国务院决定对相关管理事项已作出规定，但未采取行政许可管理方式的，地方不得就该事项设定行政许可。

对相关管理事项尚未制定法律、行政法规的，地方可以依法就该事项设定行政许可。

第四十条 国家实行行政许可清单管理制度，适时调整行政许可清单并向社会公布，清单之外不得违法实施行政许可。

国家大力精简已有行政许可。对已取消的行政许可，行政机关不得继续实施或者变相实施，不得转由行业协会商会或者其他组织实施。

对实行行政许可管理的事项，行政机关应当通过整合实施、下放审批层级等多种方式，优化审批服务，提高审批效率，减轻市场主体负担。符合相关条件和要求的，可以按照有关规定采取告知承诺的方式办理。

第四十一条 县级以上地方人民政府应当深化投资审批制度改革，根据项目性质、投资规模等分类规范投资审批程序，精简审批要件，简化技术审查事项，强化项目决策与用地、规划等建设条件落实的协同，实行与相关审批在线并联办理。

第四十二条 设区的市级以上地方人民政府应当按照国家有关规定，优化工程建设项目（不包括特殊工程和交通、水利、能源等领域的重大工程）审批流程，推行并联审批、多图联审、联合竣工验收等方式，简化审批手续，提高审批效能。

在依法设立的开发区、新区和其他有条件的区域，按照国家有关规定推行区域评估，由设区的市级以上地方人民政府组织对一定区域内压覆重要矿产资源、地质灾害危险性等事项进行统一评估，不再对区域内的市场主体单独提出评估要求。区域评估的费用不得由市场主体承担。

第四十三条 作为办理行政审批条件的中介服务事项（以下称法定行政审批中介服务）应当有法律、法规或者国务院决定依据；没有依据的，不得作为办理行政审批的条件。中介服务机构应当明确办理法定行政审批中介服务的条件、流程、时限、收费标准，并向社会公开。

国家加快推进中介服务机构与行政机关脱钩。行政机关不得为市场主体指定或者变相指定中介服务机构;除法定行政审批中介服务外,不得强制或者变相强制市场主体接受中介服务。行政机关所属事业单位、主管的社会组织及其举办的企业不得开展与本机关所负责行政审批相关的中介服务,法律、行政法规另有规定的除外。

行政机关在行政审批过程中需要委托中介服务机构开展技术性服务的,应当通过竞争性方式选择中介服务机构,并自行承担服务费用,不得转嫁给市场主体承担。

第四十四条 证明事项应当有法律、法规或者国务院决定依据。

设定证明事项,应当坚持确有必要、从严控制的原则。对通过法定证照、法定文书、书面告知承诺、政府部门内部核查和部门间核查、网络核验、合同凭证等能够办理,能够被其他材料涵盖或者替代,以及开具单位无法调查核实的,不得设定证明事项。

政府有关部门应当公布证明事项清单,逐项列明设定依据、索要单位、开具单位、办理指南等。清单之外,政府部门、公用企事业单位和服务机构不得索要证明。各地区、各部门之间应当加强证明的互认共享,避免重复索要证明。

第四十五条 政府及其有关部门应当按照国家促进跨境贸易便利化的有关要求,依法削减进出口环节审批事项,取消不必要的监管要求,优化简化通关流程,提高通关效率,清理规范口岸收费,降低通关成本,推动口岸和国际贸易领域相关业务统一通过国际贸易“单一窗口”办理。

第四十六条 税务机关应当精简办税资料和流程,简并申报缴税次数,公开涉税事项办理时限,压减办税时间,加大推广使用电子发票的力度,逐步实现全程网上办税,持续优化纳税服务。

第四十七条 不动产登记机构应当按照国家有关规定,加强部门协作,实行不动产登记、交易和缴税一窗受理、并行办理,压缩办理时间,降低办理成本。在国家规定的不动产登记时限内,各地区应当确定并公开具体办理时间。

国家推动建立统一的动产和权利担保登记公示系统,逐步实现市场主体在一个平台上办理动产和权利担保登记。纳入统一登记公示系统的动产和权利范围另行规定。

第四十八条 政府及其有关部门应当按照构建亲清新型政商关系的要求,建立畅通有效的政企沟通机制,采取多种方式及时听取市场主体的反映和诉求,了解市场主体生产经营中遇到的困难和问题,并依法帮助其解决。

建立政企沟通机制,应当充分尊重市场主体意愿,增强针对性和有效性,不得干扰市场主体正常生产经营活动,不得增加市场主体负担。

第四十九条 政府及其有关部门应当建立便利、畅通的渠道,受理有关营商环境的投诉和举报。

第五十条 新闻媒体应当及时、准确宣传优化营商环境的措施和成效,为优化营商环境创造良好舆论氛围。

国家鼓励对营商环境进行舆论监督,但禁止捏造虚假信息或者歪曲事实进行不实报道。

第五章 监管执法

第五十一条 政府有关部门应当严格按照法律法规和职责,落实监管责任,明确监管对象和范围、厘清监管事权,依法对市场主体进行监管,实现监管全覆盖。

第五十二条 国家健全公开透明的监管规则和标准体系。国务院有关部门应当分领域制定全国统一、简明易行的监管规则和标准,并向社会公开。

第五十三条 政府及其有关部门应当按照国家关于加快构建以信用为基础的新型监管机制的要求,创新和完善信用监管,强化信用监管的支撑保障，加强信用监管的组织实施，不断提升信用监管效能。

第五十四条 国家推行“双随机、一公开”监管，除直接涉及公共安全和人民群众生命健康等特殊行业、重点领域外，市场监管领域的行政检查应当通过随机抽取检查对象、随机选派执法检查人员、抽查事项及查处结果及时向社会公开的方式进行。针对同一检查对象的多个检查事项，应当尽可能合并或者纳入跨部门联合抽查范围。

对直接涉及公共安全和人民群众生命健康等特殊行业、重点领域，依法依规实行全覆盖的重点监管，并严格规范重点监管的程序；对通过投诉举报、转办交办、数据监测等发现的问题，应当有针对性地进行检查并依法依规处理。

第五十五条 政府及其有关部门应当按照鼓励创新的原则，对新技术、新产业、新业态、新模式等实行包容审慎监管，针对其性质、特点分类制定和实行相应的监管规则和标准，留足发展空间，同时确保质量和安全，不得简单化予以禁止或者不予监管。

第五十六条 政府及其有关部门应当充分运用互联网、大数据等技术手段，依托国家统一建立的在线监管系统，加强监管信息归集共享和关联整合，推行以远程监管、移动监管、预警防控为特征的非现场监管，提升监管的精准化、智能化水平。

第五十七条 国家建立健全跨部门、跨区域行政执法联动响应和协作机制，实现违法线索互联、监管标准互通、处理结果互认。

国家统筹配置行政执法职能和执法资源，在相关领域推行综合行政执法，整合精简执法队伍，减少执法主体和执法层级，提高基层执法能力。

第五十八条 行政执法机关应当按照国家有关规定，全面落实行政执法公示、行政执法全过程记录和重大行政执法决定法制审核制度，实现行政执法信息及时准确公示、行政执法全过程留痕和可回溯管理、重大行政执法决定法制审核全覆盖。

第五十九条 行政执法中应当推广运用说服教育、劝导示范、行政指导等非强制性手段，依法慎重实施行政强制。采用非强制性手段能够达到行政管理目的的，不得实施行政强制；违法行为情节轻微或者社会危害较小的，可以不实施行政强制；确需实施行政强制的，应当尽可能减少对市场主体正常生产经营活动的影响。

开展清理整顿、专项整治等活动，应当严格依法进行，除涉及人民群众生命安全、发生重特大事故或者举办国家重大活动，并报经有权机关批准外，不得在相关区域采取要求相关行业、领域的市场主体普遍停产、停业的措施。

禁止将罚没收入与行政执法机关利益挂钩。

第六十条 国家健全行政执法自由裁量基准制度，合理确定裁量范围、种类和幅度，规范行政执法自由裁量权的行使。

第六章 法治保障

第六十一条 国家根据优化营商环境需要，依照法定权限和程序及时制定或者修改、废止有关法律、法规、规章、行政规范性文件。

优化营商环境的改革措施涉及调整实施现行法律、行政法规等有关规定的，依照法定程序经有权机关授权后，可以先行先试。

第六十二条 制定与市场主体生产经营活动密切相关的行政法规、规章、行政规范性文件，应当按照国务院的规定，充分听取市场主体、行业协会商会的意见。

除依法需要保密外，制定与市场主体生产经营活动密切相关的行政法规、规章、行政规范性文件，应当通过报纸、网络等向社会公开征求意见，并建立健全意见采纳情况反馈机制。向社会公开征求意见的期限一般不少于30日。

第六十三条 制定与市场主体生产经营活动密切相关的行政法规、规章、行政规范性文件，应当按照国务院的规定进行公平竞争审查。

制定涉及市场主体权利义务的行政规范性文件，应当按照国务院的规定进行合法性审核。

市场主体认为地方性法规同行政法规相抵触，或者认为规章同法律、行政法规相抵触的，可以向国务院书面提出审查建议，由有关机关按照规定程序处理。

第六十四条 没有法律、法规或者国务院决定和命令依据的，行政规范性文件不得减损市场主体合法权益或者增加其义务，不得设置市场准入和退出条件，不得干预市场主体正常生产经营活动。

涉及市场主体权利义务的行政规范性文件应当按照法定要求和程序予以公布，未经公布的不得作为行政管理依据。

第六十五条 制定与市场主体生产经营活动密切相关的行政法规、规章、行政规范性文件，应当结合实际，确定是否为市场主体留出必要的适应调整期。

政府及其有关部门应当统筹协调、合理把握规章、行政规范性文件等的出台节奏，全面评估政策效果，避免因政策叠加或者相互不协调对市场主体正常生产经营活动造成不利影响。

第六十六条 国家完善调解、仲裁、行政裁决、行政复议、诉讼等有机衔接、相互协调的多元化纠纷解决机制，为市场主体提供高效、便捷的纠纷解决途径。

第六十七条 国家加强法治宣传教育，落实国家机关普法责任制，提高国家工作人员依法履职能力，引导市场主体合法经营、依法维护自身合法权益，不断增强全社会的法治意识，为营造法治化营商环境提供基础性支撑。

第六十八条 政府及其有关部门应当整合律师、公证、司法鉴定、调解、仲裁等公共法律服务资源，加快推进公共法律服务体系建设，全面提升公共法律服务能力和水平，为优化营商环境提供全方位法律服务。

第六十九条 政府和有关部门及其工作人员有下列情形之一的，依法依规追究责任：

（一）违法干预应当由市场主体自主决策的事项；

（二）制定或者实施政策措施不依法平等对待各类市场主体；

（三）违反法定权限、条件、程序对市场主体的财产和企业经营者个人财产实施查封、冻结和扣押等行政强制措施；

（四）在法律、法规规定之外要求市场主体提供财力、物力或者人力；

（五）没有法律、法规依据，强制或者变相强制市场主体参加评比、达标、表彰、培训、考核、考试以及类似活动，或者借前述活动向市场主体收费或者变相收费；

（六）违法设立或者在目录清单之外执行政府性基金、涉企行政事业性收费、涉企保证金；

（七）不履行向市场主体依法作出的政策承诺以及依法订立的各类合同，或者违约拖欠市场主体的货物、工程、服务等账款；

（八）变相设定或者实施行政许可，继续实施或者变相实施已取消的行政许可，或者转由行业协会商会或者其他组织实施已取消的行政许可；

（九）为市场主体指定或者变相指定中介服务机构，或者违法强制市场主体接受中介服务；

（十）制定与市场主体生产经营活动密切相关的行政法规、规章、行政规范性文件时，不按照规定听取市场主体、行业协会商会的意见；

（十一）其他不履行优化营商环境职责或者损害营商环境的情形。

第七十条 公用企事业单位有下列情形之一的，由有关部门责令改正，依法追究法律责任：

（一）不向社会公开服务标准、资费标准、办理时限等信息；

（二）强迫市场主体接受不合理的服务条件；

（三）向市场主体收取不合理费用。

第七十一条 行业协会商会、中介服务机构有下列情形之一的，由有关部门责令改正，依法追究法律责任：

（一）违法开展收费、评比、认证等行为；

（二）违法干预市场主体加入或者退出行业协会商会等社会组织；

（三）没有法律、法规依据，强制或者变相强制市场主体参加评比、达标、表彰、培训、考核、考试以及类似活动，或者借前述活动向市场主体收费或者变相收费；

（四）不向社会公开办理法定行政审批中介服务的条件、流程、时限、收费标准；

（五）违法强制或者变相强制市场主体接受中介服务。

第七章 附 则

第七十二条 本条例自2020年1月1日起施行。

国务院文件

国务院办公厅关于进一步做好短缺药品保供稳价工作的意见

（2019 年 9 月 25 日　国办发〔2019〕47 号）

党中央、国务院高度重视短缺药品供应保障工作。近年来，我国短缺药品供应保障不断加强，取得积极成效，但仍面临药品供应和价格监测不够及时灵敏，药品采购、使用、储备以及价格监管等政策有待完善，违法操纵市场抬高价格现象在一些地方仍较突出，部分已出台措施尚需落实等问题。为进一步做好短缺药品保供稳价工作，更好保障群众基本用药需求，经国务院同意，现提出以下意见。

一、提高监测应对的灵敏度和及时性

（一）加强协同监测。搭建国家短缺药品多源信息采集平台，国家短缺药品供应保障工作会商联动机制（以下简称国家联动机制）牵头单位会同工业和信息化、医疗保障、药品监督管理等各相关部门建立协同监测机制，实现原料药和制剂在注册、生产、采购、价格等方面的信息联通共享，细化可操作的监测和预警标准，实时动态监测预警并定期形成监测报告，加强协同应对。（国家卫生健康委、各相关部门、各省级人民政府负责，2019 年 12 月底前实施。排在第一位的为牵头单位，下同）

（二）完善分级应对。省级联动机制牵头单位要在规定时限内组织核实监测发现的短缺或不合理涨价线索并根据情况协调应对。省级不能协调解决的，要在规定时限内向国家联动机制牵头单位报告。国家联动机制牵头单位收到报告或监测发现线索后，要在规定时限内组织核实并根据情况协调应对。国家联动机制牵头单位要及时细化完善国家和省级组织核实和应对工作的职责范围、时限、工作流程等要求。(国家卫生健康委、各相关部门、各省级人民政府分别负责,2019年12月底前实施。分别负责为有关单位按职责分别牵头,下同)

(三)实施分类处置。对于部分替代性差、企业生产动力不足、市场供应不稳定的短缺药品,采取加强小品种药(短缺药)集中生产基地建设、完善和落实集中采购政策、强化储备等方式保障供应。(工业和信息化部、国家医保局等分别负责)对确定无企业生产或短时期内无法恢复生产的短缺药品,由国家联动机制牵头单位及时会商相关部门和地方,采取促进企业恢复生产、加快药品注册审批、组织临时进口采购等方式保障供应。(国家卫生健康委、工业和信息化部、生态环境部、海关总署、国家药监局等负责)对因超标排放等环保因素需要停产整治的短缺药品原料药或制剂生产线,依法给予合理的生产过渡期。(生态环境部负责)

(四)做好短缺药品清单管理。国家实行短缺药品清单管理制度,具体办法由国家卫生健康委会同国家药监局等部门制定。国家和省级联动机制牵头单位分别会同各成员单位制定国家和省级临床必需易短缺药品重点监测清单和短缺药品清单并动态调整。对清单中的药品重点监测、动态跟踪,将市场供应充足、能够形成有效竞争的药品适时调出清单。对短缺药品清单中的药品,由各相关部门和地方按职责及时做好应对。(国家卫生健康委、各相关部门、各省级人民政府分别负责,2019年12月底前实施)

(五)实施短缺药品停产报告。省级联动机制牵头单位对省级短缺药品清单中的药品进行评估,认为需进行停产报告的,按规定及时报告国家联动机制牵头单位。国家联动机制牵头单位会同相关部门综合论证省级上报的药品和国家短缺药品清单中的药品,对确需进行停产报告的短缺药品,应向社会发布公告并动态调整。

药品上市许可持有人停止生产短缺药品的，应按照规定向国务院或省级人民政府药品监督管理部门报告，药品监督管理部门接到报告后按规定及时通报同级联动机制牵头单位。以上具体规定和时限要求由国家联动机制牵头单位、国家药监局按职责分别制定。医疗保障部门应根据既往平台采购信息，及时向同级联动机制牵头单位报告停产对市场供给形势的影响。卫生健康部门应根据医疗机构既往临床使用信息，及时研判停产药品短缺风险。（国家卫生健康委、国家医保局、国家药监局分别负责，工业和信息化部等参与，2019 年 12 月底前实施）

二、加强医疗机构基本药物配备使用和用药规范管理

（六）促进基本药物优先配备使用和合理用药。通过加强用药监管和考核、指导督促医疗机构优化用药目录和药品处方集等措施，促进基本药物优先配备使用，提升基本药物使用占比，并及时调整国家基本药物目录，逐步实现政府办基层医疗卫生机构、二级公立医院、三级公立医院基本药物配备品种数量占比原则上分别不低于 90%、80%、60%，推动各级医疗机构形成以基本药物为主导的“1 + X”（“1”为国家基本药物目录、“X”为非基本药物，由各地根据实际确定）用药模式，优化和规范用药结构。加强医疗机构用药目录遴选、采购、使用等全流程管理，推动落实“能口服不肌注、能肌注不输液”等要求，促进科学合理用药。（国家卫生健康委、国家中医药局负责）

（七）优化医疗机构短缺药品管理和使用。健全国家、省、市、县四级短缺药品监测网络和信息直报制度，指导推动公立医疗机构制定完善短缺药品管理规定，细化明确医疗机构短缺药品分析评估、信息上报等要求。（国家卫生健康委、国家中医药局负责，2019 年 12 月底前实施）指导推动医疗机构合理设置急（抢）救药等特定药品库存警戒线。动态更新临床短缺药品替代使用指南，支持相关行业组织对临床可替代短缺药品推荐替代品种并动态更新，指导医疗机构规范开展药品替代使用。支持鼓励县域中心医院加大所需易短缺药品的储备力度。（国家卫生健康委、国家中医药局负责）鼓励有条件的地方探索采取有效方式，向社会公开相关医疗机构和社会药店在售药品品种，畅通群众购药渠道。（各省级人民政府负责）

三、完善短缺药品采购工作

（八）落实直接挂网采购政策。对于国家和省级短缺药品清单中的品种，允许企业在省级药品集中采购平台上自主报价、直接挂网，医疗机构自主采购。监督指导地方既要完善价格监测和管理，也要避免不合理行政干预。省级医疗保障部门要加强对直接挂网价格的监管，及时收集分析直接挂网实际采购价格相关信息，定期在省级药品集中采购平台公布。（国家医保局负责）

（九）允许医疗机构自主备案采购。对于临床必需易短缺药品重点监测清单和短缺药品清单中的药品，省级药品集中采购平台上无企业挂网或没有列入本省份集中采购目录的，医疗机构可提出采购需求，线下搜寻药品生产企业，并与药品供应企业直接议价，按照公平原则协商确定采购价格，在省级药品集中采购平台自主备案，做到公开透明。医疗保障、卫生健康部门要按职责分别加强对备案采购药品的采购和使用监管。直接挂网采购和自主备案采购的药品属于医保目录范围的，医疗保障部门要及时按规定进行支付。（国家医保局、国家卫生健康委分别负责）

（十）严格药品采购履约管理。省级医疗保障部门依托省级药品集中采购平台，定期监测药品配送率、采购数量、货款结算等情况，严格药品购销合同管理，对企业未按约定配送、供应等行为，及时按合同规定进行惩戒。加大监督和通报力度，推动医疗机构按合同及时结算药品货款、医保基金及时支付药品费用。（国家医保局、国家卫生健康委分别负责）短缺药品配送不得限制配送企业，不受“两票制”限制。（各省级人民政府负责，商务部、税务总局、国家医保局参与）不具备配送经济性的地区，在没有药品配送企业参与竞争的情况下，鼓励探索由邮政企业开展配送工作。（国家邮政

局负责，国家医保局参与）

四、加大药品价格监管和执法力度

（十一）加强药品价格异常情况监测预警。省级医疗保障部门依托省级药品集中采购平台，定期监测药品采购价格变化情况，对价格出现异常波动的，及时了解情况并提示预警，同时报告省级联动机制牵头单位。国家医保局整理并及时向有关部门和地方提示预警重点监测品种信息，预警药品价格异常波动情况，向市场监管等部门提供价格调查线索和基础数据，同时报告国家联动机制牵头单位。（国家医保局负责）

（十二）强化药品价格常态化监管。对于存在价格上涨幅度或频次异常、区域间价格差异较大、配送情况严重不良或连续多次预警等情况的药品，综合运用监测预警、成本调查、函询约谈、信息披露、暂停挂网等措施，坚决予以约束。完善药品价格成本调查工作机制，国家和省级医疗保障部门可根据工作需要实施或委托实施成本调查。（国家医保局负责）依托药品集中招标采购工作，建立价格和招标采购信用评价制度，对药品供应主体的价格和供应行为开展信用评价，并实施相应的激励惩戒措施。（国家医保局负责，各相关部门参与）

（十三）加大对原料药垄断等违法行为的执法力度。建立市场监管、公安、税务、药品监督管理等部门协同联动工作机制，开展多部门联合整治，整治结果及时向社会公布。以最严的标准依法查处原料药和制剂领域垄断、价格违法等行为，坚持从重从快查处；构成犯罪的依法追究刑事责任，坚决处置相关责任人，形成有效震慑。（市场监管总局负责，国家发展改革委、公安部、税务总局、国家药监局等参与，2019 年 12 月底前取得阶段性进展并持续推进）

（十四）分类妥善处理一些药品价格过快上涨问题。对涨价不合理且违法的，依法依规实施处罚；对涨价不合理但尚不构成违法的，约谈敦促企业主动纠正，必要时采取公开曝光、中止挂网、失信惩戒等措施。（市场监管总局、国家医保局分别负责，各相关部门参与）力争2019年12月底前，敦促一批企业主动纠正失当价格行为，暂停一批非正常涨价药品的挂网采购资格，惩戒一批涉嫌价格违法、欺诈骗保或严重失信的企业，曝光一批非正常涨价和垄断典型案例，使药价过快上涨势头得到遏制。（市场监管总局、国家医保局分别负责，各相关部门参与）

五、完善短缺药品多层次供应体系

（十五）建立健全短缺药品常态储备机制。优化中央和地方医药储备结构，加大短缺药品储备力度。充分发挥省级医药储备功能，筛选一批临床必需、用量不确定且容易发生短缺的药品纳入储备。（工业和信息化部、各省级人民政府分别负责，财政部等参与，2020年6月底前实施）明确储备短缺药品调用程序，方便医疗机构采购和使用。省级医药储备管理部门应当将短缺药品储备品种通报省级联动机制牵头单位。发生相关药品短缺时，根据省级联动机制牵头单位意见，按程序进行有偿调用。（工业和信息化部、国家卫生健康委分别负责）鼓励引导大型医药流通企业积极履行社会责任，发挥“蓄水池”功能。（商务部、国务院国资委分别负责）鼓励大型医药流通企业对临床常用的急（抢）救药等易短缺药品设定合理库存警戒线。（国务院国资委负责）

（十六）提升药品生产供应能力和质量水平。结合药品供应保障需求和全国布局，2019年再推进2家小品种药（短缺药）集中生产基地建设，实现稳定生产供应的小品种药（短缺药）增加40种。到2020年，实现100种小品种药（短缺药）稳定生产供应。（工业和信息化部负责，国家发展改革委、国家卫生健康委、国家药监局等参与）运用中央预算内投资等方式，支持短缺药品供应保障能力提升。（国家发展改革委、工业和信息化部分别负责）通过加大支持和引导力度、推进仿制药质量和疗效一致性评价、完善药品采购政策等措施，促进医药产业提质升级，优化提升药品生产供应能力和质量。（国家发展改革委、工业和信息化部、国家医保局、国家药监局等分别负责）

（十七）增加药用原料有效供给。推动制剂企业联合原料药企业组成供应联盟，整合上下游优质产业资源，引导原料药企业向制剂企业直接供应，鼓励原料药和制剂一体化生产。（工业和信息化部负责，国家药监局等参与）落实优化原料药等登记和审评审批程序相关政策措施，持续深化"放管服"改革，提高原料药等审评审批效率和水平。（国家药监局负责）

六、切实加强组织实施

（十八）做好定期报告。国家联动机制牵头单位要按照本意见要求建立任务清单。国家联动机制各成员单位、各省级联动机制牵头单位按季度向国家联动机制牵头单位报告短缺药品保供稳价工作进展以及药品短缺、价格相关监测和应对情况。国家联动机制牵头单位按季度将国家各相关部门、各省（区、市）短缺药品保供稳价工作情况以及药品短缺、价格相关监测和应对情况一并通报各省（区、市）人民政府和国家联动机制各成员单位，对未按时完成任务或工作不力的地方和部门有关情况要重点通报。（国家卫生健康委、各相关部门、各省级人民政府分别负责，2019 年 12 月底前实施）

（十九）强化监督问责。对短缺药品保供稳价相关工作开展不力的地方，及时约谈并督促整改。（国家卫生健康委、各相关部门分别负责）各省（区、市）人民政府要加大对本地区短缺药品保供稳价相关工作的监督和问责力度。（各省级人民政府负责）国家和省级联动机制牵头单位每年 12 月底前分别向国务院和本级人民政府报告履职和工作情况。（国家卫生健康委、各省级人民政府分别负责，各相关部门参与）

（二十）加强宣传引导。在国家卫生健康委官方网站设立专栏，定期通报短缺药品保供稳价工作情况，逐步形成合理通报频次。国家联动机制牵头单位原则上每季度至少发布一次短缺药品保供稳价相关权威信息，引导合理预期。（国家卫生健康委负责，2019 年 12 月底前实施）建立常态化的舆情监测机制，主动回应社

会关切，对不实信息和恶意炒作通过主流媒体等渠道及时回应澄清。（国家卫生健康委、各相关部门分别负责）

国务院关于印发实施更大规模减税降费后调整中央与地方收入划分改革推进方案的通知

（2019年9月26日　国发〔2019〕21号）

现将《实施更大规模减税降费后调整中央与地方收入划分改革推进方案》印发给你们，请认真贯彻执行。

实施更大规模减税降费后调整中央与地方收入划分改革推进方案

为进一步理顺中央与地方财政分配关系，支持地方政府落实减税降费政策、缓解财政运行困难，按照党中央、国务院决策部署，现就实施更大规模减税降费后调整中央与地方收入划分改革制定如下方案。

一、基本原则

（一）保持现有财力格局总体稳定。调动中央与地方两个积极性，稳定分税制改革以来形成的中央与地方收入划分总体格局，巩固增值税“五五分享”等收入划分改革成果。

（二）建立更加均衡合理的分担机制。按照深化增值税改革、建立留抵退税制度的要求，在保持留抵退税中央与地方分担比例不变的基础上，合理调整优化地方间的分担办法。

（三）稳步推进健全地方税体系改革。适时调整完善地方税税制，培育壮大地方税税源，将部分条件成熟的中央税种作为地方收入，增强地方应对更大规模减税降费的能力。

二、主要改革措施

（一）保持增值税“五五分享”比例稳定。《国务院关于印发全面推开营改增试点后调整中央与地方增值税收入划分过渡方案的通知》（国发〔2016〕26号）确定的2－3年过渡期到期后，继续保持增值税收入划分“五五分享”比例不变，即中央分享增值税的50%、地方按税收缴纳地分享增值税的50%。进一步稳定社会预期，引导各地因地制宜发展优势产业，鼓励地方在经济发展中培育和拓展税源，增强地方财政“造血”功能，营造主动有为、竞相发展、实干兴业的环境。

（二）调整完善增值税留抵退税分担机制。建立增值税留抵退税长效机制，结合财政收入形势确定退税规模，并保持中央与地方“五五”分担比例不变。为缓解部分地区留抵退税压力，增值税留抵退税地方分担的部分（50%），由企业所在地全部负担（50%）调整为先负担15%，其余35%暂由企业所在地一并垫付，再由各地按上年增值税分享额占比均衡分担，垫付多于应分担的部分由中央财政按月向企业所在地省级财政调库。合理确定省以下退税分担机制，切实减轻基层财政压力。具体办法由财政部研究制定。

（三）后移消费税征收环节并稳步下划地方。按照健全地方税体系改革要求，在征管可控的前提下，将部分在生产（进口）环节征收的现行消费税品目逐步后移至批发或零售环节征收，拓展地方收入来源，引导地方改善消费环境。具体调整品目经充分论证，逐项报批后稳步实施。先对高档手表、贵重首饰和珠宝玉石等条件成熟的品目实施改革，再结合消费税立法对其他具备条件的品目实施改革试点。改革调整的存量部分核定基数，由地方上解中央，增量部分原则上将归属地方，确保中央与地方既有财力格局稳定。具体办法由财政部会同税务总局等部门研究制定。

三、工作要求

（一）加强组织领导。财政部要加强对中央与地方收入划分改革工作的组织协调，抓紧制定具体实施办法。各省级人民政府要结合本地实际，进一步建立健全中央与地方收入划分改革工作的协调机制，明确责任分工，强化协同配合，督促指导本级部门和辖区内市县全面贯彻落实。国务院有关部门要全力配合改革，协助做好对各地区各行业改革落实情况的跟踪监测。

（二）严肃财经纪律。财政部要会同有关部门认真审核、严格把关，防止一些地方人为干预税收、突击做基数。各地区要按本方案要求推进改革，严肃查处干预企业经营、操纵税源分布、地方市场保护等违规行为，防止为了短期和局部利益，搞违规政策洼地。各级税务机关要做好改革后税收征管工作，严厉打击虚开发票和偷逃骗税行为，坚决堵塞征管漏洞。

（三）推进配套改革。本方案确定的中央与地方收入划分改革措施到位后，各省、自治区、直辖市及计划单列市人民政府要结合本地实际，进一步改革和完善省以下财政管理体制，理顺省以下各级政府间收入划分关系，均衡省以下地区间财力，促进基本公共服务均等化。

实施更大规模减税降费是应对当前经济下行压力的关键之举，调整中央与地方收入划分改革是落实减税降费政策的重要保障。各地区各部门要更加紧密地团结在以习近平同志为核心的党中央周围，坚持以习近平新时代中国特色社会主义思想为指导，增强“四个意识”、坚定“四个自信”、做到“两个维护”，抓好本方案的贯彻实施工作，建立权责清晰、财力协调、区域均衡的中央与地方财政关系，为减税降费政策落实创造条件，确保让企业和人民群众有实实在在的获得感，为全面建成小康社会收官打下决定性基础，以优异成绩庆祝中华人民共和国成立70周年。

国务院关于核定并公布第八批全国重点文物保护单位的通知

（2019年10月7日　国发〔2019〕22号）

国务院核定文化和旅游部、国家文物局确定的第八批全国重点文物保护单位（共计762处）以及与现有全国重点文物保护单位合并的项目（共计50处），现予公布。

各地区、各部门要依照《中华人民共和国文物保护法》等法律法规和《国务院关于进一步加强文物工作的指导意见》（国发〔2016〕17号）的要求，进一步贯彻"保护为主、抢救第一、合理利用、加强管理"的工作方针，既要注重有效保护、夯实基础，又要注意合理利用、发挥效益，在保护利用中实现传承发展，认真做好全国重点文物保护单位的保护、管理和利用工作，确保文物安全特别是文物消防安全，努力开创文物工作新局面，走出一条符合国情的文物保护利用之路，为坚定文化自信、实现"两个一百年"奋斗目标和中华民族伟大复兴的中国梦作出更大贡献。

第八批全国重点文物保护单位名单

（共计762处，另有50处与现有全国重点文物保护单位合并）

一、古遗址（共计167处）

序号	编　号	名　称	时　代	地　址
1	8－0001－1－001	上宅遗址	新石器时代	北京市平谷区
2	8－0002－1－002	郛堤城遗址	战国、秦汉	河北省黄骅市
3	8－0003－1－003	贝州故城遗址	宋	河北省清河县
4	8－0004－1－004	太子城遗址	金	河北省张家口市崇礼区
5	8－0005－1－005	西土城遗址	金	河北省康保县
6	8－0006－1－006	峙峪遗址	旧石器时代	山西省朔州市朔城区
7	8－0007－1－007	碧村遗址	新石器时代	山西省兴县
8	8－0008－1－008	大河口遗址	西周至春秋	山西省翼城县
9	8－0009－1－009	南梁古城遗址	周	山西省翼城县
10	8－0010－1－010	苇沟—北寿城遗址	周	山西省翼城县
11	8－0011－1－011	解梁故城遗址	东周	山西省永济市
12	8－0012－1－012	童子寺遗址	北齐至唐	山西省太原市晋源区
13	8－0013－1－013	蒙山开化寺遗址	北齐	山西省太原市晋源区
14	8－0014－1－014	汾阳宫遗址	隋	山西省宁武县
15	8－0015－1－015	岔河口遗址	新石器时代	内蒙古自治区清水河县
16	8－0016－1－016	哈民遗址	新石器时代	内蒙古自治区科尔沁左翼中旗

续表

序号	编　号	名　称	时代	地　址
17	8－0017－1－017	丰州故城遗址	辽金元	内蒙古自治区呼和浩特市赛罕区
18	8－0018－1－018	鸽子洞遗址	旧石器时代	辽宁省喀喇沁左翼蒙古族自治县
19	8－0019－1－019	张店古城遗址	汉	辽宁省大连市普兰店区
20	8－0020－1－020	三燕龙城遗址	十六国	辽宁省朝阳市双塔区
21	8－0021－1－021	卧龙山山城遗址	隋唐	辽宁省岫岩满族自治县
22	8－0022－1－022	萨尔浒城遗址	明清	辽宁省抚顺县
23	8－0023－1－023	和龙大洞遗址	旧石器时代	吉林省和龙市
24	8－0024－1－024	后套木嘎遗址	新石器时代、周	吉林省大安市
25	8－0025－1－025	农安五台山遗址	新石器时代、周	吉林省农安县
26	8－0026－1－026	大海猛遗址	周至唐	吉林省吉林市龙潭区
27	8－0027－1－027	东团山遗址	汉	吉林省吉林市丰满区
28	8－0028－1－028	霸王朝山城遗址	汉至唐	吉林省集安市
29	8－0029－1－029	长白山神庙遗址	金	吉林省安图县
30	8－0030－1－030	小南山遗址	新石器时代	黑龙江省饶河县
31	8－0031－1－031	新开流遗址	新石器时代	黑龙江省密山市
32	8－0032－1－032	洪河遗址	新石器时代	黑龙江省齐齐哈尔市富拉尔基区

续表

序号	编　号	名　称	时　代	地　址
33	8－0033－1－033	锅盔山山城遗址	唐	黑龙江省鸡东县
34	8－0034－1－034	青龙镇遗址	唐宋	上海市青浦区
35	8－0035－1－035	顺山集遗址	新石器时代	江苏省泗洪县
36	8－0036－1－036	韩井遗址	新石器时代	江苏省泗洪县
37	8－0037－1－037	蒋庄遗址	新石器时代	江苏省兴化市
38	8－0038－1－038	寺墩遗址	新石器时代	江苏省常州市天宁区
39	8－0039－1－039	下邳故城遗址	汉晋	江苏省睢宁县
40	8－0040－1－040	鲤鱼山—老虎岭水坝遗址	新石器时代	浙江省杭州市余杭区
41	8－0041－1－041	嘉兴子城遗址	唐至清	浙江省嘉兴市南湖区
42	8－0042－1－042	坦头窑遗址	唐	浙江省永嘉县
43	8－0043－1－043	沙埠窑遗址	唐宋	浙江省台州市黄岩区
44	8－0044－1－044	华龙洞遗址	旧石器时代	安徽省东至县
45	8－0045－1－045	金寨遗址	新石器时代	安徽省萧县
46	8－0046－1－046	台家寺遗址	商	安徽省阜南县
47	8－0047－1－047	汤家墩遗址	商周	安徽省枞阳县
48	8－0048－1－048	合肥曹魏新城遗址	三国	安徽省合肥市庐阳区
49	8－0049－1－049	壳丘头遗址群	新石器时代至商	福建省平潭县
50	8－0050－1－050	岩仔洞遗址	新石器时代	福建省将乐县
51	8－0051－1－051	苦寨坑窑遗址	夏商	福建省永春县
52	8－0052－1－052	武夷山闽赣古驿道	唐至清	福建省武夷山市
53	8－0053－1－053	宝丰银矿遗址	宋至明	福建省周宁县

续表

序号	编　号	名　称	时　代	地　址
54	8-0054-1-054	白鹤岭福温古道	南宋至清	福建省宁德市蕉城区
55	8-0055-1-055	东溪窑遗址	明清	福建省华安县、南靖县
56	8-0056-1-056	老虎墩遗址	新石器时代	江西省靖安县
57	8-0057-1-057	山背遗址	新石器时代、商周	江西省修水县
58	8-0058-1-058	锅底山遗址	新石器时代至商周	江西省宜黄县
59	8-0059-1-059	南窑遗址	唐	江西省乐平市
60	8-0060-1-060	五府山银铅矿遗址	唐宋	江西省上饶市广信区
61	8-0061-1-061	邱家庄遗址	新石器时代	山东省烟台市福山区
62	8-0062-1-062	焦家遗址	新石器时代	山东省济南市章丘区
63	8-0063-1-063	汶阳遗址	新石器时代	山东省济南市莱芜区
64	8-0064-1-064	岗上遗址	新石器时代	山东省滕州市
65	8-0065-1-065	十里铺北堌堆遗址	新石器时代至商	山东省菏泽市定陶区
66	8-0066-1-066	呙宋台遗址	新石器时代、商周至汉	山东省寿光市
67	8-0067-1-067	梁堌堆遗址	新石器时代至商周	山东省曹县
68	8-0068-1-068	刘台子遗址	西周	山东省济南市济阳区
69	8-0069-1-069	曲城故城遗址	西周至北齐	山东省招远市
70	8-0070-1-070	高密故城遗址	东周至东汉	山东省高密市
71	8-0071-1-071	卞国故城遗址	春秋	山东省泗水县
72	8-0072-1-072	少昊陵及景灵宫遗址	宋至清	山东省曲阜市

续表

序号	编　号	名　称	时　代	地　址
73	8－0073－1－073	凫山羲皇庙遗址	宋至清	山东省邹城市
74	8－0074－1－074	东镇庙大殿遗址	宋至民国	山东省临朐县
75	8－0075－1－075	孙家洞遗址	旧石器时代	河南省栾川县
76	8－0076－1－076	老奶奶庙遗址	旧石器时代	河南省郑州市二七区
77	8－0077－1－077	后高老家遗址	新石器时代	河南省项城市
78	8－0078－1－078	苏羊遗址	新石器时代	河南省宜阳县
79	8－0079－1－079	老坟岗遗址	新石器时代	河南省西峡县
80	8－0080－1－080	阎村遗址	新石器时代	河南省汝州市
81	8－0081－1－081	史官遗址	新石器时代、商周	河南省南乐县
82	8－0082－1－082	鹤壁刘庄遗址	新石器时代至夏	河南省鹤壁市淇滨区
83	8－0083－1－083	淮阳双冢遗址	新石器时代至商	河南省周口市淮阳区
84	8－0084－1－084	西史村遗址	夏商	河南省荥阳市
85	8－0085－1－085	闰楼遗址	商	河南省正阳县
86	8－0086－1－086	浚县辛村遗址	商周	河南省鹤壁市淇滨区
87	8－0087－1－087	官庄遗址	周	河南省荥阳市
88	8－0088－1－088	阳城故城遗址	战国	河南省商水县
89	8－0089－1－089	保安古城遗址	战国	河南省叶县
90	8－0090－1－090	新安故城遗址	秦汉	河南省义马市
91	8－0091－1－091	黎阳故城遗址	西汉至北宋	河南省浚县
92	8－0092－1－092	崤函古道石壕段	唐宋	河南省三门峡市陕州区
93	8－0093－1－093	窑沟遗址	宋金	河南省新密市
94	8－0094－1－094	东沟窑遗址	金元	河南省汝州市
95	8－0095－1－095	白龙洞遗址	旧石器时代	湖北省郧西县

续表

序号	编号	名称	时代	地址
96	8－0096－1－096	凤凰咀遗址	新石器时代	湖北省襄阳市襄州区
97	8－0097－1－097	庙台子遗址	周	湖北省随州市曾都区
98	8－0098－1－098	青山遗址	东周	湖北省江陵县
99	8－0099－1－099	襄樊码头遗址	清	湖北省襄阳市襄城区、樊城区
100	8－0100－1－100	杉龙岗遗址	新石器时代	湖南省临澧县
101	8－0101－1－101	车轱山遗址	新石器时代	湖南省华容县
102	8－0102－1－102	磨山遗址	新石器时代	湖南省株洲市渌口区
103	8－0103－1－103	优周岗遗址	新石器时代	湖南省澧县
104	8－0104－1－104	马栏嘴遗址	新石器时代、商周	湖南省汉寿县
105	8－0105－1－105	益阳故城遗址	东周至宋	湖南省益阳市赫山区
106	8－0106－1－106	窑头古城遗址	战国至汉	湖南省沅陵县
107	8－0107－1－107	渡头古城遗址	汉至六朝	湖南省临武县
108	8－0108－1－108	岳州窑遗址	汉至唐	湖南省湘阴县
109	8－0109－1－109	衡山窑遗址	宋元	湖南省衡山县、衡东县
110	8－0110－1－110	桐木岭矿冶遗址	清	湖南省桂阳县
111	8－0111－1－111	磨刀山遗址	旧石器时代	广东省郁南县
112	8－0112－1－112	青塘遗址	旧石器时代	广东省英德市
113	8－0113－1－113	东莞村头遗址	夏商	广东省东莞市
114	8－0114－1－114	狮雄山遗址	秦汉	广东省五华县
115	8－0115－1－115	石望铸钱遗址	五代南汉	广东省阳春市
116	8－0116－1－116	乳源西京古道	唐至清	广东省乳源瑶族自治县

续表

序号	编　号	名　称	时　代	地　址
117	8－0117－1－117	西樵山采石场遗址	明清	广东省佛山市南海区
118	8－0118－1－118	娅怀洞遗址	旧石器时代	广西壮族自治区隆安县
119	8－0119－1－119	大岩遗址	旧石器时代至新石器时代	广西壮族自治区桂林市临桂区
120	8－0120－1－120	父子岩遗址	新石器时代至商周	广西壮族自治区桂林市雁山区
121	8－0121－1－121	桥山遗址	新石器时代	海南省陵水黎族自治县
122	8－0122－1－122	金银岛沉船遗址	南宋、明清	海南省三沙市
123	8－0123－1－123	定安故城遗址	明	海南省定安县
124	8－0124－1－124	珊瑚岛沉船遗址	清	海南省三沙市
125	8－0125－1－125	玉米洞遗址	旧石器时代、新石器时代	重庆市巫山县
126	8－0126－1－126	白帝城遗址	南宋	重庆市奉节县
127	8－0127－1－127	大宁盐场遗址	宋至民国	重庆市巫溪县
128	8－0128－1－128	中子铺遗址	新石器时代	四川省广元市朝天区
129	8－0129－1－129	高山古城遗址	新石器时代至商周	四川省大邑县
130	8－0130－1－130	绵竹故城遗址	汉晋	四川省德阳市旌阳区
131	8－0131－1－131	甘棠箐遗址	旧石器时代	云南省玉溪市江川区
132	8－0132－1－132	河泊所遗址	战国至汉	云南省昆明市晋宁区
133	8－0133－1－133	大甸山遗址	春秋至汉	云南省昌宁县
134	8－0134－1－134	大波那遗址	春秋至汉	云南省祥云县

续表

序号	编　号	名　称	时　代	地　址
135	8-0135-1-135	牡宜遗址	汉	云南省广南县
136	8-0136-1-136	朱提故城遗址	汉晋	云南省昭通市昭阳区
137	8-0137-1-137	德源古城遗址	唐	云南省洱源县
138	8-0138-1-138	尼阿底遗址	旧石器时代	西藏自治区申扎县
139	8-0139-1-139	杰顿珠宗遗址	元明	西藏自治区洛扎县
140	8-0140-1-140	芦山峁遗址	新石器时代	陕西省延安市宝塔区
141	8-0141-1-141	刘家洼遗址	东周	陕西省澄城县
142	8-0142-1-142	东马坊遗址	战国至西汉	陕西省西安市长安区
143	8-0143-1-143	中渭桥遗址	秦至唐	陕西省西安市未央区
144	8-0144-1-144	血池遗址	秦汉	陕西省凤翔县
145	8-0145-1-145	孙家南头仓储遗址	西汉	陕西省凤翔县
146	8-0146-1-146	柳巷城遗址	汉魏	陕西省眉县
147	8-0147-1-147	西灰山遗址	夏商	甘肃省民乐县
148	8-0148-1-148	石家及遇村遗址	周	甘肃省宁县
149	8-0149-1-149	毛家坪遗址	周	甘肃省甘谷县
150	8-0150-1-150	马鬃山玉矿遗址	战国至汉	甘肃省肃北蒙古族自治县
151	8-0151-1-151	小川瓷窑遗址	宋至民国	甘肃省白银市平川区
152	8-0152-1-152	尕海古城遗址	汉	青海省海晏县
153	8-0153-1-153	伏俟城遗址	北朝至隋唐	青海省共和县
154	8-0154-1-154	考肖图古城遗址	唐	青海省都兰县

续表

序号	编　号	名　称	时　代	地　址
155	8－0155－1－155	姚河塬遗址	西周	宁夏回族自治区彭阳县
156	8－0156－1－156	通天洞遗址	旧石器时代至商	新疆维吾尔自治区吉木乃县
157	8－0157－1－157	吉仁台沟口遗址	商周	新疆维吾尔自治区尼勒克县
158	8－0158－1－158	卓尔库特古城遗址	汉	新疆维吾尔自治区轮台县
159	8－0159－1－159	博格达沁古城遗址	汉至唐	新疆维吾尔自治区焉耆回族自治县
160	8－0160－1－160	阔纳协海尔古城遗址	魏晋至唐	新疆维吾尔自治区轮台县
161	8－0161－1－161	乌什吐尔和夏合吐尔遗址	晋至宋	新疆维吾尔自治区库车县、新和县
162	8－0162－1－162	公主堡古城遗址	唐	新疆维吾尔自治区塔什库尔干塔吉克自治县
163	8－0163－1－163	霍拉山佛寺遗址	唐	新疆维吾尔自治区焉耆回族自治县
164	8－0164－1－164	拉甫却克古城遗址	唐	新疆维吾尔自治区哈密市伊州区
165	8－0165－1－165	小央达克协海尔古城遗址	唐	新疆维吾尔自治区沙雅县
166	8－0166－1－166	玛纳斯古城遗址	唐至元	新疆维吾尔自治区玛纳斯县

续表

序号	编　号	名　称	时　代	地　址
167	8－0167－1－167	巴里坤故城遗址	清	新疆维吾尔自治区巴里坤哈萨克自治县

二、古墓葬(共计30处)

序号	编　号	名　称	时　代	地　址
168	8－0168－2－001	醇亲王墓	清	北京市海淀区
169	8－0169－2－002	北张庄墓群	汉	河北省邯郸市邯山区
170	8－0170－2－003	陶寺北墓地	东周	山西省襄汾县
171	8－0171－2－004	沙岭墓群	北魏	山西省大同市平城区
172	8－0172－2－005	马鬃山墓群	商周至汉	内蒙古自治区乌拉特中旗
173	8－0173－2－006	医巫闾山辽陵	辽	辽宁省北镇市
174	8－0174－2－007	喀喇沁右翼旗蒙古王陵	清	辽宁省建平县
175	8－0175－2－008	良茂墓群	汉唐	吉林省集安市
176	8－0176－2－009	隋炀帝墓	唐	江苏省扬州市邗江区
177	8－0177－2－010	洞阳东吴墓	三国	安徽省当涂县
178	8－0178－2－011	吴复墓	明	安徽省肥东县
179	8－0179－2－012	百崎郭氏墓群	明	福建省惠安县
180	8－0180－2－013	纪王崮墓群	东周	山东省沂水县
181	8－0181－2－014	金山汉墓群	西汉	山东省巨野县
182	8－0182－2－015	天湖墓地	商周	河南省罗山县
183	8－0183－2－016	徐阳墓地	东周	河南省伊川县
184	8－0184－2－017	西朱村曹魏墓	三国	河南省洛阳市洛龙区

续表

序号	编　号	名　称	时　代	地　址
185	8－0185－2－018	义地岗墓群	东周	湖北省随州市曾都区
186	8－0186－2－019	毕昇墓	北宋	湖北省英山县
187	8－0187－2－020	汨罗山墓群	战国	湖南省汨罗市
188	8－0188－2－021	蒋家山墓葬	汉	湖南省衡阳市珠晖区
189	8－0189－2－022	赛典赤·赡思丁墓	元、清至民国	云南省昆明市盘龙区、官渡区
190	8－0190－2－023	故如甲木墓地	汉晋	西藏自治区噶尔县
191	8－0191－2－024	石鼓山墓地	西周	陕西省宝鸡市渭滨区
192	8－0192－2－025	太公庙秦公墓	春秋	陕西省宝鸡市陈仓区
193	8－0193－2－026	咸阳秦王陵	战国	陕西省咸阳市渭城区
194	8－0194－2－027	弘农杨氏家族墓地	汉至北魏	陕西省华阴市
195	8－0195－2－028	杨震家族墓地	东汉	陕西省潼关县
196	8－0196－2－029	吴挺墓	南宋	甘肃省成县
197	8－0197－2－030	吉尔赞喀勒墓地	东周	新疆维吾尔自治区塔什库尔干塔吉克自治县

三、古建筑（共计280处）

序号	编　号	名　称	时　代	地　址
198	8－0198－3－001	长椿寺	清	北京市西城区
199	8－0199－3－002	智珠寺	清	北京市东城区

续表

序号	编　号	名　称	时代	地　址
200	8－0200－3－003	北京湖广会馆	清至民国	北京市西城区
201	8－0201－3－004	武安舍利塔	北宋	河北省武安市
202	8－0202－3－005	涞水龙严寺塔	辽	河北省涞水县
203	8－0203－3－006	邢台清风楼	明	河北省邢台市桥东区
204	8－0204－3－007	正定梁氏宗祠	明	河北省正定县
205	8－0205－3－008	涉县清泉寺	明清	河北省涉县
206	8－0206－3－009	上党西岩寺塔	唐	山西省长治市上党区
207	8－0207－3－010	栖岩寺塔林	唐至清	山西省永济市
208	8－0208－3－011	泽州崇寿寺	北宋至清	山西省泽州县
209	8－0209－3－012	上党长春玉皇庙	北宋至清	山西省长治市上党区
210	8－0210－3－013	昔阳离相寺	宋至清	山西省昔阳县
211	8－0211－3－014	原平普济桥	金	山西省原平市
212	8－0212－3－015	平定马齿岩寺	金至清	山西省平定县
213	8－0213－3－016	新绛寿圣寺大殿	元	山西省新绛县
214	8－0214－3－017	长子文庙大成殿	元	山西省长子县
215	8－0215－3－018	峪口圣母庙	元至清	山西省汾阳市
216	8－0216－3－019	盂北泰山庙	元至清	山西省盂县
217	8－0217－3－020	潦河头关帝庙	元至清	山西省长治市潞城区
218	8－0218－3－021	西社卫公庙	元至清	山西省平顺县
219	8－0219－3－022	西下庄昭泽王庙	元至清	山西省黎城县
220	8－0220－3－023	武乡福源院	元至清	山西省武乡县
221	8－0221－3－024	田庄全神庙	元至清	山西省陵川县
222	8－0222－3－025	团东清化寺	元至清	山西省高平市
223	8－0223－3－026	梁村洪福寺	元至清	山西省祁县

续表

序号	编 号	名 称	时 代	地 址
224	8－0224－3－027	霍州祝圣寺	元至清	山西省霍州市
225	8－0225－3－028	北辛舍利塔	明	山西省万荣县
226	8－0226－3－029	祁县镇河楼	明	山西省祁县
227	8－0227－3－030	大武鼓楼	明	山西省方山县
228	8－0228－3－031	右玉宝宁寺	明	山西省右玉县
229	8－0229－3－032	汾阳关帝庙	明	山西省汾阳市
230	8－0230－3－033	胡家沟砖塔	明	山西省兴县
231	8－0231－3－034	普救寺塔	明	山西省永济市
232	8－0232－3－035	永济万固寺	明	山西省永济市
233	8－0233－3－036	繁峙琉璃塔	明	山西省繁峙县
234	8－0234－3－037	平城兴国寺	明	山西省大同市平城区
235	8－0235－3－038	大同鼓楼	明	山西省大同市平城区
236	8－0236－3－039	西关三圣寺大殿	明	山西省盂县
237	8－0237－3－040	永济扁鹊庙	明	山西省永济市
238	8－0238－3－041	董村戏台	明	山西省永济市
239	8－0239－3－042	崞阳文庙	明清	山西省原平市
240	8－0240－3－043	阳城文庙	明清	山西省阳城县
241	8－0241－3－044	长则普明寺	明清	山西省平遥县
242	8－0242－3－045	热留关帝庙	明清	山西省古县
243	8－0243－3－046	阳曲轩辕庙	明清	山西省阳曲县
244	8－0244－3－047	霍州鼓楼	明清	山西省霍州市
245	8－0245－3－048	东姚温牌坊	明清	山西省永济市
246	8－0246－3－049	阳城寿圣寺及琉璃塔	明清	山西省阳城县
247	8－0247－3－050	高平铁佛寺	明清	山西省高平市

续表

序号	编　号	名　称	时　代	地　址
248	8－0248－3－051	墙下关帝庙	明清	山西省夏县
249	8－0249－3－052	留晖洪福寺	明清	山西省定襄县
250	8－0250－3－053	五台山南山寺	明至民国	山西省五台县
251	8－0251－3－054	静乐文庙	明至民国	山西省静乐县
252	8－0252－3－055	汾阳后土圣母庙	明至民国	山西省汾阳市
253	8－0253－3－056	于成龙故居	清	山西省方山县
254	8－0254－3－057	阳武朱氏牌楼	清	山西省原平市
255	8－0255－3－058	阮氏双碑楼	清	山西省河津市
256	8－0256－3－059	解州同善义仓	清	山西省运城市盐湖区
257	8－0257－3－060	曲沃薛家大院	清	山西省曲沃县
258	8－0258－3－061	怀覃会馆	清	山西省晋城市城区
259	8－0259－3－062	五台山尊胜寺	民国	山西省五台县
260	8－0260－3－063	昆都仑召	清	内蒙古自治区包头市昆都仑区
261	8－0261－3－064	朝阳南塔	辽	辽宁省朝阳市双塔区
262	8－0262－3－065	开原崇寿寺塔	辽金	辽宁省开原市
263	8－0263－3－066	永安石桥	清	辽宁省沈阳市于洪区
264	8－0264－3－067	垂虹断桥	元明	江苏省苏州市吴江区
265	8－0265－3－068	西方寺大殿	明	江苏省扬州市广陵区
266	8－0266－3－069	常熟言子祠	明	江苏省常熟市
267	8－0267－3－070	洑溪徐氏宗祠	明	江苏省宜兴市

续表

序号	编　号	名　称	时　代	地　址
268	8－0268－3－071	南京鼓楼	明清	江苏省南京市鼓楼区
269	8－0269－3－072	仙鹤寺	明清	江苏省扬州市广陵区
270	8－0270－3－073	常州唐氏民宅	明至民国	江苏省常州市天宁区
271	8－0271－3－074	荡口华氏老义庄	清	江苏省无锡市锡山区
272	8－0272－3－075	安吉永安寺塔	五代至南宋	浙江省安吉县
273	8－0273－3－076	义乌大安寺塔	北宋	浙江省义乌市
274	8－0274－3－077	杭州忠义桥	南宋	浙江省杭州市西湖区
275	8－0275－3－078	灵鹫寺石塔	南宋	浙江省丽水市莲都区
276	8－0276－3－079	绍兴大善寺塔	南宋	浙江省绍兴市越城区
277	8－0277－3－080	南渡广济桥	元、清	浙江省宁波市奉化区
278	8－0278－3－081	詹宝兄弟牌坊	明	浙江省松阳县
279	8－0279－3－082	梅城南峰塔和北峰塔	明	浙江省建德市
280	8－0280－3－083	独山石牌坊	明	浙江省遂昌县
281	8－0281－3－084	湖州潮音桥	明	浙江省湖州市吴兴区
282	8－0282－3－085	林应麒功德牌坊	明	浙江省仙居县
283	8－0283－3－086	紫薇山民居	明清	浙江省东阳市
284	8－0284－3－087	石楠塘徐氏宗祠	明清	浙江省金华市婺城区
285	8－0285－3－088	赤岸朱宅建筑群	明至民国	浙江省义乌市

续表

序号	编号	名称	时代	地址
286	8-0286-3-089	厚吴村古建筑群	明至民国	浙江省永康市
287	8-0287-3-090	吴文简祠	清	浙江省庆元县
288	8-0288-3-091	下柏石陈大宗祠	清	浙江省永康市
289	8-0289-3-092	余姚通济桥	清	浙江省余姚市
290	8-0290-3-093	金清大桥	清	浙江省温岭市
291	8-0291-3-094	江山文昌宫	清	浙江省江山市
292	8-0292-3-095	兰溪通洲桥	清	浙江省兰溪市
293	8-0293-3-096	雅端村古建筑群	清	浙江省义乌市
294	8-0294-3-097	塘下方大宗祠	清	浙江省义乌市
295	8-0295-3-098	椒江戚继光祠	清	浙江省台州市椒江区
296	8-0296-3-099	东阳白坦民宅	清	浙江省东阳市
297	8-0297-3-100	芜湖广济寺塔	北宋	安徽省芜湖市镜湖区
298	8-0298-3-101	贵池百牙山塔	明	安徽省池州市贵池区
299	8-0299-3-102	贵池清溪塔	明	安徽省池州市贵池区
300	8-0300-3-103	滁州无梁殿	明	安徽省滁州市琅琊区
301	8-0301-3-104	池河太平桥	明清	安徽省定远县
302	8-0302-3-105	洪坑牌坊群及洪氏家庙	明清	安徽省黄山市徽州区
303	8-0303-3-106	三阳洪氏宗祠	明清	安徽省歙县
304	8-0304-3-107	屯溪镇海桥	明清	安徽省黄山市屯溪区
305	8-0305-3-108	石潭吴氏宗祠	明清	安徽省歙县
306	8-0306-3-109	蜀源牌坊群	明清	安徽省黄山市徽州区

续表

序号	编　号	名　称	时　代	地　址
307	8－0307－3－110	屏山舒氏祠堂	明清	安徽省黟县
308	8－0308－3－111	稠墅牌坊群	明清	安徽省歙县
309	8－0309－3－112	姥山塔	明清	安徽省巢湖市
310	8－0310－3－113	歙县太平桥	明清	安徽省歙县
311	8－0311－3－114	巴慰祖宅	明清	安徽省歙县
312	8－0312－3－115	歙县许氏宗祠	明至民国	安徽省歙县
313	8－0313－3－116	唐模檀干园	清	安徽省黄山市徽州区
314	8－0314－3－117	亳州薛阁塔	清	安徽省亳州市谯城区
315	8－0315－3－118	歙县鲍氏宗祠	清	安徽省歙县
316	8－0316－3－119	休宁登封桥	清	安徽省休宁县
317	8－0317－3－120	休宁同安堂	清	安徽省休宁县
318	8－0318－3－121	大阜潘氏宗祠	清	安徽省歙县
319	8－0319－3－122	泾县张氏宗祠	清	安徽省泾县
320	8－0320－3－123	昌溪太湖祠	清	安徽省歙县
321	8－0321－3－124	绩溪文庙	清	安徽省绩溪县
322	8－0322－3－125	荔城报恩寺塔	北宋	福建省莆田市荔城区
323	8－0323－3－126	崇福寺应庚塔	北宋	福建省泉州市鲤城区
324	8－0324－3－127	建瓯值庆桥	明	福建省建瓯市
325	8－0325－3－128	安溪土楼	明清	福建省安溪县
326	8－0326－3－129	黄道周讲学处	明清	福建省漳浦县
327	8－0327－3－130	芷溪宗祠建筑	清	福建省连城县
328	8－0328－3－131	福安黄氏祠堂	清	福建省福安市
329	8－0329－3－132	泉港土坑村古建筑群	清	福建省泉州市泉港区

续表

序号	编 号	名 称	时 代	地 址
330	8-0330-3-133	坂埔古厝	清	福建省南安市
331	8-0331-3-134	永春文庙	清	福建省永春县
332	8-0332-3-135	永泰庄寨建筑群	清	福建省永泰县
333	8-0333-3-136	采陔公祠	清	福建省连城县
334	8-0334-3-137	水美土堡群	清	福建省沙县
335	8-0335-3-138	浮梁双峰塔	北宋	江西省浮梁县
336	8-0336-3-139	福寿沟	北宋	江西省赣州市章贡区
337	8-0337-3-140	浮梁红塔	北宋、明	江西省浮梁县
338	8-0338-3-141	大司马牌坊	明	江西省宜黄县
339	8-0339-3-142	龙南乌石围	明	江西省龙南县
340	8-0340-3-143	济美石坊	明	江西省奉新县
341	8-0341-3-144	棠阴古建筑群	明清	江西省宜黄县
342	8-0342-3-145	官溪胡氏宗祠	明清	江西省玉山县
343	8-0343-3-146	十都王家大屋	清	江西省上饶市广丰区
344	8-0344-3-147	奎璧联辉民宅	清	江西省广昌县
345	8-0345-3-148	浮梁县衙	清	江西省浮梁县
346	8-0346-3-149	玉山考棚	清	江西省玉山县
347	8-0347-3-150	浒湾书坊建筑群	清至民国	江西省金溪县
348	8-0348-3-151	卧化塔	唐	山东省成武县
349	8-0349-3-152	郓城观音寺塔	五代	山东省郓城县
350	8-0350-3-153	洄村古楼	明	山东省淄博市淄川区
351	8-0351-3-154	王渔洋故居	明至民国	山东省桓台县
352	8-0352-3-155	安阳永和桥	北宋	河南省安阳县
353	8-0353-3-156	三祖庵塔	金	河南省登封市

续表

序号	编　号	名　称	时　代	地　址
354	8－0354－3－157	轵城关帝庙	金、清	河南省济源市
355	8－0355－3－158	丹霞寺塔林	元至清	河南省南召县
356	8－0356－3－159	禹州天宁万寿寺	元至清	河南省禹州市
357	8－0357－3－160	舞阳彼岸寺大殿	元至清	河南省舞阳县
358	8－0358－3－161	阳安寺大殿	明	河南省镇平县
359	8－0359－3－162	汝宁石桥	明	河南省汝南县
360	8－0360－3－163	延津大觉寺万寿塔	明	河南省延津县
361	8－0361－3－164	杞县大云寺塔	明	河南省杞县
362	8－0362－3－165	龙泉澧河石桥	明	河南省叶县
363	8－0363－3－166	原武城隍庙	明清	河南省原阳县
364	8－0364－3－167	许昌文庙	明清	河南省许昌市魏都区
365	8－0365－3－168	弦歌台	明清	河南省周口市淮阳区
366	8－0366－3－169	济源二仙庙	明清	河南省济源市
367	8－0367－3－170	登封玉溪宫	明清	河南省登封市
368	8－0368－3－171	侯湾泰山庙	明清	河南省汝州市
369	8－0369－3－172	温县遇仙观	明清	河南省温县
370	8－0370－3－173	大程书院	清	河南省扶沟县
371	8－0371－3－174	龙亭大殿	清	河南省开封市龙亭区
372	8－0372－3－175	偃师九龙庙	清	河南省偃师市
373	8－0373－3－176	怀邦会馆	清	河南省禹州市
374	8－0374－3－177	登封崇福宫	清	河南省登封市
375	8－0375－3－178	新安洞真观	清	河南省新安县
376	8－0376－3－179	宜阳福昌阁	清	河南省宜阳县
377	8－0377－3－180	偃师兴福寺大殿	清	河南省偃师市

续表

序号	编　号	名　称	时　代	地　址
378	8－0378－3－181	花洲书院	清	河南省邓州市
379	8－0379－3－182	黄梅高塔寺塔	北宋	湖北省黄梅县
380	8－0380－3－183	宜昌天然塔	清	湖北省宜昌市伍家岗区
381	8－0381－3－184	高家花屋	清	湖北省竹山县
382	8－0382－3－185	南边民居	清	湖北省宜昌市夷陵区
383	8－0383－3－186	丹江口饶氏庄园	清至民国	湖北省丹江口市
384	8－0384－3－187	麻城雷氏祠	清至民国	湖北省麻城市
385	8－0385－3－188	中田村古建筑群	明至民国	湖南省常宁市
386	8－0386－3－189	许家桥将军府	明	湖南省永州市零陵区
387	8－0387－3－190	板梁村古建筑群	明清	湖南省永兴县
388	8－0388－3－191	勾蓝瑶寨	明至民国	湖南省江永县
389	8－0389－3－192	湘昆古戏台	清	湖南省桂阳县
390	8－0390－3－193	杉木桥胡家大院	清	湖南省永州市零陵区
391	8－0391－3－194	石门文庙	清	湖南省石门县
392	8－0392－3－195	芷江文庙	清	湖南省芷江侗族自治县
393	8－0393－3－196	神下李氏宗祠	清	湖南省宁远县
394	8－0394－3－197	澧县多安桥	清	湖南省澧县
395	8－0395－3－198	虎溪黄氏宗祠	清	湖南省蓝山县
396	8－0396－3－199	溆浦崇实书院	清	湖南省溆浦县
397	8－0397－3－200	桃树湾刘氏大屋	清	湖南省浏阳市
398	8－0398－3－201	浦市镇古建筑群	清	湖南省泸溪县

续表

序号	编　号	名　称	时　代	地　址
399	8－0399－3－202	宝镜何家大院	清至民国	湖南省江华瑶族自治县
400	8－0400－3－203	梅城文武庙古建筑群	清至民国	湖南省安化县
401	8－0401－3－204	东安头翰林祠	清至民国	湖南省宁远县
402	8－0402－3－205	大颠祖师塔	唐	广东省汕头市潮阳区
403	8－0403－3－206	高州宝光塔	明	广东省高州市
404	8－0404－3－207	联丰花萼楼	明	广东省大埔县
405	8－0405－3－208	揭阳城隍庙	明清	广东省揭阳市榕城区
406	8－0406－3－209	陈白沙祠	明清	广东省江门市蓬江区
407	8－0407－3－210	国恩寺	明至民国	广东省新兴县
408	8－0408－3－211	沙湾留耕堂	清	广东省广州市番禺区
409	8－0409－3－212	大埔泰安楼	清	广东省大埔县
410	8－0410－3－213	冲虚古观	清	广东省博罗县
411	8－0411－3－214	龙门鹤湖围	清	广东省龙门县
412	8－0412－3－215	大埔光禄第	清	广东省大埔县
413	8－0413－3－216	桂林静江府城墙	南宋至明	广西壮族自治区桂林市叠彩区、秀峰区
414	8－0414－3－217	来宾文辉塔	明	广西壮族自治区来宾市兴宾区
415	8－0415－3－218	左江归龙斜塔	明清	广西壮族自治区崇左市江州区

续表

序号	编号	名称	时代	地址
416	8-0416-3-219	贺州江氏客家围屋	清	广西壮族自治区贺州市八步区
417	8-0417-3-220	乐湾村古建筑群	清至民国	广西壮族自治区恭城瑶族自治县
418	8-0418-3-221	石礐村冯氏祠堂	明清	海南省澄迈县
419	8-0419-3-222	琼山侯家大院	清	海南省海口市琼山区
420	8-0420-3-223	溪北书院	清	海南省文昌市
421	8-0421-3-224	湾底谭氏民居	清	重庆市石柱土家族自治县
422	8-0422-3-225	花林寺大殿	元	四川省盐亭县
423	8-0423-3-226	蓬溪金仙寺大殿	元	四川省蓬溪县
424	8-0424-3-227	南部永安庙大殿	元至清	四川省南部县
425	8-0425-3-228	盐亭文星庙	明	四川省盐亭县
426	8-0426-3-229	泸县圆通寺	明	四川省泸县
427	8-0427 3-230	龙藏寺	明清	四川省成都市新都区
428	8-0428-3-231	蓝池庙	明清	四川省三台县
429	8-0429-3-232	七宝寺	明清	四川省南充市嘉陵区
430	8-0430-3-233	福宝古建筑群	明清	四川省合江县
431	8-0431-3-234	南部观音庵大殿	明清	四川省南部县
432	8-0432-3-235	井研雷氏民居	清	四川省井研县
433	8-0433-3-236	屏山龙氏山庄	清	四川省屏山县
434	8-0434-3-237	自贡玉川公祠	清	四川省自贡市自流井区
435	8-0435-3-238	甘孜惠远寺	清	四川省道孚县

续表

序号	编　号	名　称	时　代	地　址
436	8－0436－3－239	正安尹道真务本堂	明清	贵州省正安县
437	8－0437－3－240	镇远天后宫	清	贵州省镇远县
438	8－0438－3－241	泸西万寿寺三佛殿	明	云南省泸西县
439	8－0439－3－242	建水土主庙	明清	云南省建水县
440	8－0440－3－243	蒙自玉皇阁	明清	云南省蒙自市
441	8－0441－3－244	建水玉皇阁及崇文塔	明清	云南省建水县
442	8－0442－3－245	新安所古建筑群	明清	云南省蒙自市
443	8－0443－3－246	期纳古建筑群	明清	云南省永胜县
444	8－0444－3－247	天峰山古建筑群	明至民国	云南省祥云县
445	8－0445－3－248	弥渡五台大寺	明至民国	云南省弥渡县
446	8－0446－3－249	云南提督府旧址	清	云南省大理市
447	8－0447－3－250	叶枝土司衙署	清	云南省维西傈傈族自治县
448	8－0448－3－251	洄澜桥阁	清	云南省石屏县
449	8－0449－3－252	江川文庙	清	云南省玉溪市江川区
450	8－0450－3－253	流浪河磨房群	清	云南省凤庆县
451	8－0451－3－254	墨江文庙	清	云南省墨江哈尼族自治县
452	8－0452－3－255	海口川字闸	清	云南省昆明市西山区
453	8－0453－3－256	建水学政考棚	清	云南省建水县
454	8－0454－3－257	同乐傈傈族民居建筑群	清至民国	云南省维西傈傈族自治县
455	8－0455－3－258	保山光尊寺	清至民国	云南省保山市隆阳区
456	8－0456－3－259	曲西碉楼群	北宋至明	西藏自治区洛扎县

续表

序号	编号	名称	时代	地址
457	8－0457－3－260	乃宁曲德寺	北宋至清	西藏自治区康马县
458	8－0458－3－261	艾旺寺	北宋至清	西藏自治区康马县
459	8－0459－3－262	达律王府	元	西藏自治区贡觉县
460	8－0460－3－263	西安二龙塔	唐	陕西省西安市长安区
461	8－0461－3－264	富平万斛寺塔	唐	陕西省富平县
462	8－0462－3－265	蒲城海源寺塔	金	陕西省蒲城县
463	8－0463－3－266	户县化羊庙东岳献殿	元至清	陕西省西安市鄠邑区
464	8－0464－3－267	合阳千金塔	明	陕西省合阳县
465	8－0465－3－268	柳枝关帝庙	明清	陕西省韩城市
466	8－0466－3－269	马庄华严寺	明至民国	陕西省韩城市
467	8－0467－3－270	蒲城考院	清	陕西省蒲城县
468	8－0468－3－271	米脂常氏庄园	清至民国	陕西省米脂县
469	8－0469－3－272	福津广严院	南宋、清	甘肃省陇南市武都区
470	8－0470－3－273	武山圣寿寺	元至民国	甘肃省武山县
471	8－0471－3－274	正宁文庙大成殿	明	甘肃省正宁县
472	8－0472－3－275	张掖东仓	明清	甘肃省张掖市甘州区
473	8－0473－3－276	静宁文庙	明清	甘肃省静宁县
474	8－0474－3－277	永昌北海子塔	明清	甘肃省永昌县
475	8－0475－3－278	天水纪信祠	明至民国	甘肃省天水市秦州区
476	8－0476－3－279	张掖高总兵宅院	清	甘肃省张掖市甘州区

续表

序号	编　号	名　称	时　代	地　址
477	8－0477－3－280	天祝东大寺	清	甘肃省天祝藏族自治县

四、石窟寺及石刻(共计39处)

序号	编　号	名　称	时　代	地　址
478	8－0478－4－001	狄仁杰祠堂碑	唐	河北省大名县
479	8－0479－4－002	曲里千佛洞石窟	明	河北省涉县
480	8－0480－4－003	山神峪千佛洞石窟	元、清	山西省交口县
481	8－0481－4－004	挂甲山摩崖造像	北朝至明	山西省吉县
482	8－0482－4－005	营里千佛洞石窟	北齐至唐	山西省乡宁县
483	8－0483－4－006	竖石佛摩崖造像	北齐至唐	山西省交城县
484	8－0484－4－007	静居寺石窟	唐	山西省静乐县
485	8－0485－4－008	汉建初元年买地刻石	东汉	浙江省绍兴市越城区
486	8－0486－4－009	雁荡山龙鼻洞摩崖题记	唐至民国	浙江省乐清市
487	8－0487－4－010	杭州孔庙碑林	唐至民国	浙江省杭州市上城区
488	8－0488－4－011	仙岩洞摩崖题记	宋、清	浙江省衢州市衢江区
489	8－0489－4－012	道场山祈年题记	元	浙江省湖州市吴兴区
490	8－0490－4－013	阮鹗墓石刻	明	安徽省枞阳县
491	8－0491－4－014	汪由敦墓石刻	清	安徽省休宁县
492	8－0492－4－015	南安桃源宫陀罗尼经幢	北宋	福建省南安市
493	8－0493－4－016	魁星岩摩崖造像	南宋	福建省永春县
494	8－0494－4－017	老庄大佛寺石刻造像	隋唐	山东省济南市历城区

续表

序号	编号	名称	时代	地址
495	8-0495-4-018	陶山朝阳洞石刻造像	宋至民国	山东省肥城市
496	8-0496-4-019	尹宙碑	东汉	河南省鄢陵县
497	8-0497-4-020	回銮碑	北宋	河南省濮阳县
498	8-0498-4-021	佛顶尊胜陀罗尼经幢	金	河南省荥阳市
499	8-0499-4-022	丹口苗文石刻群	明清	湖南省城步苗族自治县
500	8-0500-4-023	石门寺摩崖造像	唐	四川省巴中市巴州区
501	8-0501-4-024	重龙山摩崖造像	唐至民国	四川省资中县
502	8-0502-4-025	宜宾流杯池石刻	宋至民国	四川省宜宾市翠屏区
503	8-0503-4-026	温泉摩崖石刻群	明至民国	云南省安宁市
504	8-0504-4-027	查拉路甫石窟	唐宋	西藏自治区拉萨市城关区
505	8-0505-4-028	仁达摩崖造像	唐	西藏自治区察雅县
506	8-0506-4-029	囊巴朗则石雕	唐	西藏自治区芒康县
507	8-0507-4-030	乃甲切木石窟	宋	西藏自治区岗巴县
508	8-0508-4-031	林恩摩崖石刻	明	西藏自治区昂仁县
509	8-0509-4-032	金川湾石窟	唐	陕西省淳化县
510	8-0510-4-033	城台石窟	宋金	陕西省志丹县
511	8-0511-4-034	河峪摩崖石刻	东汉	甘肃省张家川回族自治县
512	8-0512-4-035	昌马石窟	北魏至清	甘肃省玉门市

续表

序号	编　号	名　称	时　代	地　址
513	8－0513－4－036	童子寺石窟	北魏至清	甘肃省民乐县
514	8－0514－4－037	大麦地岩画	新石器时代至西夏	宁夏回族自治区中卫市沙坡头区
515	8－0515－4－038	焕彩沟石刻	东汉、唐	新疆维吾尔自治区哈密市伊州区
516	8－0516－4－039	刘平国刻石	东汉	新疆维吾尔自治区拜城县

五、近现代重要史迹及代表性建筑(共计234处)

序号	编　号	名　称	时　代	地　址
517	8－0517－5－001	双清别墅	1949年	北京市海淀区
518	8－0518－5－002	原子能"一堆一器"旧址	1958年	北京市房山区
519	8－0519－5－003	北京站车站大楼	1959年	北京市东城区
520	8－0520－5－004	宋庆龄儿童科学技术馆	1986年	北京市海淀区
521	8－0521－5－005	新开河火车站旧址	1903年	天津市河北区
522	8－0522－5－006	觉悟社旧址	1919年	天津市河北区
523	8－0523－5－007	北疆博物院旧址	1922～1929年	天津市河西区
524	8－0524－5－008	南开大学思源堂	1925年	天津市南开区
525	8－0525－5－009	平津战役前线司令部旧址	1948年	天津市蓟州区
526	8－0526－5－010	天津市军事管制委员会和中共天津市委旧址	1949～1953年	天津市和平区
527	8－0527－5－011	左权将军墓	1950年	河北省邯郸市邯山区

序号	编　号	名　称	时　代	地　址
528	8－0528－5－012	高君宇故居	1896～1912年	山西省娄烦县
529	8－0529－5－013	山西督军府旧址	1916～1937年	山西省太原市杏花岭区
530	8－0530－5－014	忻口战役遗址	1937年	山西省忻州市忻府区
531	8－0531－5－015	金岗库村晋察冀军区司令部旧址	1938年	山西省五台县
532	8－0532－5－016	晋绥日报社旧址	1940～1949年	山西省兴县
533	8－0533－5－017	小李村太岳行署旧址	1942～1944年	山西省安泽县
534	8－0534－5－018	北坡中共中央晋绥分局旧址	1942～1949年	山西省兴县
535	8－0535－5－019	临县陕甘宁晋绥联防军指挥部旧址	1947年	山西省临县
536	8－0536－5－020	临县中央后委机关旧址	1947～1948年	山西省临县
537	8－0537－5－021	白塔火车站旧址	1921年	内蒙古自治区呼和浩特市赛罕区
538	8－0538－5－022	侵华日军木石匣工事旧址	1941～1943年	内蒙古自治区克什克腾旗
539	8－0539－5－023	集宁战役旧址	1946年	内蒙古自治区乌兰察布市集宁区
540	8－0540－5－024	旅顺沙俄陆防副司令官邸建筑	1900年	辽宁省大连市旅顺口区
541	8－0541－5－025	鞍山钢铁厂早期建筑	1920～1977年	辽宁省鞍山市铁东区、铁西区
542	8－0542－5－026	中共满洲省委旧址	1927～1929年	辽宁省沈阳市和平区

续表

序号	编号	名称	时代	地址
543	8-0543-5-027	北大营营房旧址	1931 年	辽宁省沈阳市大东区
544	8-0544-5-028	侵华日本关东军护路守备队盘山分队旧址	1932 年	辽宁省盘锦市双台子区
545	8-0545-5-029	台吉万人坑遗址	1943 年	辽宁省北票市
546	8-0546-5-030	审判日本战犯特别军事法庭旧址	1956 年	辽宁省沈阳市皇姑区
547	8-0547-5-031	吉林机器局旧址	1881 年	吉林省吉林市昌邑区
548	8-0548-5-032	中俄边界清勘界碑（土字牌）	1886 年	吉林省珲春市
549	8-0549-5-033	红石砬子抗日根据地遗址	1932~1933 年	吉林省磐石市
550	8-0550-5-034	老黑沟惨案遗址	1935 年	吉林省舒兰市
551	8-0551-5-035	侵华日军第 100 部队遗址	1936~1945 年	吉林省长春市绿园区
552	8-0552-5-036	丰满万人坑遗址	1937~1943 年	吉林省吉林市丰满区
553	8-0553-5-037	石人血泪山死难矿工纪念地	1938~1945 年	吉林省白山市江源区
554	8-0554-5-038	七道沟死难同胞纪念地	1938~1945 年	吉林省通化县
555	8-0555-5-039	伪满建国忠灵庙旧址	1940~1945 年	吉林省长春市朝阳区
556	8-0556-5-040	辽源二战盟军战俘营旧址	1944~1945 年	吉林省辽源市西安区
557	8-0557-5-041	中共中央东北局梅河口会议会址	1946 年	吉林省梅河口市

续表

序号	编　号	名　称	时　代	地　址
558	8－0558－5－042	鸡西万人坑遗址	1934～1945年	黑龙江省鸡西市滴道区
559	8－0559－5－043	朝阳山东北抗联第三路军密营遗址	1939～1941年	黑龙江省五大连池市
560	8－0560－5－044	侵华日军第516部队遗址	1938～1945年	黑龙江省齐齐哈尔市铁峰区
561	8－0561－5－045	中共黑龙江省工作委员会和省政府旧址	1945～1949年	黑龙江省北安市
562	8－0562－5－046	人民空军东北老航校旧址	1946～1955年	黑龙江省牡丹江市西安区
563	8－0563－5－047	圣三一基督教堂	1869年	上海市黄浦区
564	8－0564－5－048	圣约翰大学近代建筑	1879～1948年	上海市长宁区、普陀区
565	8－0565－5－049	上海交通大学早期建筑	1896年	上海市徐汇区
566	8－0566－5－050	沪江大学近代建筑	1906～1948年	上海市杨浦区
567	8－0567－5－051	上海工部局宰牲场旧址	1933年	上海市虹口区
568	8－0568－5－052	四行仓库抗战旧址	1937年	上海市静安区
569	8－0569－5－053	中国共产党代表团驻沪办事处旧址	1946～1947年	上海市黄浦区
570	8－0570－5－054	中国福利会少年宫	1953年	上海市静安区
571	8－0571－5－055	上海科学会堂	1958年	上海市黄浦区
572	8－0572－5－056	马林医院旧址	1892～1914年	江苏省南京市鼓楼区
573	8－0573－5－057	日本驻南京大使馆旧址	1935～1945年	江苏省南京市鼓楼区
574	8－0574－5－058	国立美术陈列馆旧址	1936～1937年	江苏省南京市玄武区

续表

序号	编　号	名称	时代	地址
575	8－0575－5－059	侵华日军南京利济巷慰安所旧址	1937～1945年	江苏省南京市秦淮区
576	8－0576－5－060	八路军驻南京办事处旧址	1937年	江苏省南京市鼓楼区
577	8－0577－5－061	新四军盐阜区抗日阵亡将士纪念塔	1943年	江苏省阜宁县
578	8－0578－5－062	黄花塘新四军军部旧址	1943～1945年	江苏省盱眙县
579	8－0579－5－063	淮安中共中央华中分局旧址	1945～1946年	江苏省淮安市淮安区
580	8－0580－5－064	沈钧儒故居	1921年	浙江省嘉兴市南湖区
581	8－0581－5－065	英国驻温州领事馆旧址	1894～1924年	浙江省温州市鹿城区
582	8－0582－5－066	求是书院旧址	1897～1914年	浙江省杭州市上城区
583	8－0583－5－067	恩泽医局旧址	1901～1951年	浙江省临海市
584	8－0584－5－068	浙江图书馆旧址	1909～1936年	浙江省杭州市上城区、西湖区
585	8－0585－5－069	陈望道故居	1891年	浙江省义乌市
586	8－0586－5－070	史家庄花厅	1915年	浙江省东阳市
587	8－0587－5－071	仁爱医院旧址	1922年	浙江省杭州市下城区
588	8－0588－5－072	第一届西湖博览会工业馆旧址	1928年	浙江省杭州市西湖区
589	8－0589－5－073	五四宪法起草地旧址	1953～1954年	浙江省杭州市西湖区
590	8－0590－5－074	一江山岛战役遗址	1955年	浙江省台州市椒江区

续表

序号	编　号	名　称	时　代	地　址
591	8－0591－5－075	王店粮仓群	20世纪50年代	浙江省嘉兴市秀洲区
592	8－0592－5－076	江厦潮汐试验电站	1979年	浙江省温岭市
593	8－0593－5－077	戴安澜故居	1904年	安徽省无为县
594	8－0594－5－078	津浦铁路淮河大铁桥	1911年	安徽省蚌埠市蚌山区
595	8－0595－5－079	老芜湖海关旧址	1919年	安徽省芜湖市镜湖区
596	8－0596－5－080	张治中故居	1890年	安徽省巢湖市
597	8－0597－5－081	红28军重建会议旧址	1933年	安徽省金寨县
598	8－0598－5－082	芜湖内思高级工业职业学校旧址	1934年	安徽省芜湖市镜湖区
599	8－0599－5－083	中共皖浙赣省委驻地旧址	1936～1937年	安徽省休宁县
600	8－0600－5－084	野寨抗日阵亡将士公墓	1943年	安徽省潜山市
601	8－0601－5－085	佛子岭水库连拱坝	1954年	安徽省霍山县
602	8－0602－5－086	涡河一桥	1964年	安徽省怀远县
603	8－0603－5－087	小岗村旧址	1978年	安徽省凤阳县
604	8－0604－5－088	观山李氏民居	1890～1936年	福建省南安市
605	8－0605－5－089	东美曾氏番仔楼	1910年	福建省龙海市
606	8－0606－5－090	安礼逊图书楼	1927年	福建省泉州市鲤城区
607	8－0607－5－091	张山头红军墓群	1928～1935年	福建省武夷山市
608	8－0608－5－092	歪嘴寨闽粤边区乌山游击队指挥部旧址	1929～1937年	福建省诏安县

续表

序号	编 号	名 称	时 代	地 址
609	8－0609－5－093	中央红色交通线旧址	1930～1934年	福建省龙岩市永定区、长汀县，广东省汕头市金平区
610	8－0610－5－094	永春福兴堂	1947年	福建省永春县
611	8－0611－5－095	景胜别墅	1948年	福建省石狮市
612	8－0612－5－096	九江姑塘海关旧址	1902～1931年	江西省九江市濂溪区
613	8－0613－5－097	安源路矿工人补习夜校旧址	1922年	江西省萍乡市安源区
614	8－0614－5－098	工农革命军第一军第一师第一团团部旧址	1927年	江西省修水县
615	8－0615－5－099	中共赣西南第一次党代会旧址	1930年	江西省吉安市青原区
616	8－0616－5－100	峡江会议旧址	1930年	江西省峡江县
617	8－0617－5－101	水西红三军团指挥部旧址	1930年	江西省新余市渝水区
618	8－0618－5－102	黄陂中共苏区中央局第一次扩大会议旧址	1931年	江西省宁都县
619	8－0619－5－103	宁都会议旧址	1932年	江西省宁都县
620	8－0620－5－104	中央苏区第四次反“围剿”战役遗址	1933年	江西省乐安县、金溪县
621	8－0621－5－105	叶坪马克思共产主义学校旧址	1933～1934年	江西省瑞金市
622	8－0622－5－106	湖坊中共闽赣省委、省革委、省军区旧址	1933～1935年	江西省黎川县

续表

序号	编号	名称	时代	地址
623	8－0623－5－107	井塘中共中央分局、中央政府办事处旧址	1934～1935 年	江西省于都县
624	8－0624－5－108	中共中央东南分局旧址	1938～1939 年	江西省南昌市西湖区
625	8－0625－5－109	马家洲集中营旧址	1940～1945 年	江西省泰和县
626	8－0626－5－110	武霖基督教圣会堂	1872 年	山东省蓬莱市
627	8－0627－5－111	中兴煤矿公司旧址	1899 年	山东省枣庄市市中区
628	8－0628－5－112	潍县西方侨民集中营旧址	1942～1945 年	山东省潍坊市奎文区
629	8－0629－5－113	青岛朝连岛灯塔	1903 年	山东省青岛市崂山区
630	8－0630－5－114	曲阜师范学校旧址	1905～1931 年	山东省曲阜市
631	8－0631－5－115	济南万竹园	1917 年	山东省济南市市中区
632	8－0632－5－116	五三惨案遗址	1928 年	山东省济南市槐荫区
633	8－0633－5－117	牟平恤养院旧址	1933 年	山东省烟台市牟平区
634	8－0634－5－118	临沂大青山突围战遗址	1941 年	山东省沂南县
635	8－0635－5－119	赵疃地雷战遗址	1942～1945 年	山东省海阳市
636	8－0636－5－120	昌邑县抗日殉国烈士祠	1945 年	山东省昌邑市
637	8－0637－5－121	羊山战斗纪念地	1952 年	山东省金乡县
638	8－0638－5－122	兴隆庄火车站站舍旧址	1915 年	河南省开封市祥符区
639	8－0639－5－123	河南省博物馆旧址	1927 年	河南省开封市龙亭区

续表

序号	编号	名称	时代	地址
640	8－0640－5－124	中国工农红军第一军司令部旧址	1930 年	河南省新县
641	8－0641－5－125	鄂豫皖边特区苏维埃政府旧址	1930 年	河南省新县
642	8－0642－5－126	晋冀鲁豫野战军指挥部旧址	1947～1948 年	河南省范县
643	8－0643－5－127	豫陕鄂军政大学旧址	1948 年	河南省鲁山县
644	8－0644－5－128	开封伞塔	1955 年	河南省开封市禹王台区
645	8－0645－5－129	滑县县委县政府早期建筑	1959 年	河南省滑县
646	8－0646－5－130	郑州第二砂轮厂旧址	1964 年	河南省郑州市中原区
647	8－0647－5－131	贺胜桥北伐阵亡将士陵园	1929 年	湖北省武汉市江夏区
648	8－0648－5－132	汉口中华全国文艺界抗敌协会旧址	1938 年	湖北省武汉市江汉区
649	8－0649－5－133	新四军第五师司令部旧址	1939～1945 年	湖北省随州市曾都区
650	8－0650－5－134	国民政府第六战区受降堂旧址	1945 年	湖北省武汉市江汉区
651	8－0651－5－135	苏联空军志愿队烈士墓	1956 年	湖北省武汉市江岸区
652	8－0652－5－136	三线航天 066 导弹基地旧址	1970 年	湖北省远安县
653	8－0653－5－137	三线火箭炮总装厂旧址	1970 年	湖北省老河口市
654	8－0654－5－138	辰州教案发生地	1902 年	湖南省沅陵县

续表

序号	编　号	名　称	时　代	地　址
655	8－0655－5－139	湘雅医院及医学院早期建筑	1914～1947年	湖南省长沙市开福区
656	8－0656－5－140	毛泽东水口连队建党旧址	1927年	湖南省炎陵县
657	8－0657－5－141	湘赣革命根据地旧址	1930～1933年	湖南省茶陵县、攸县
658	8－0658－5－142	红四军前委扩大会议旧址	1928年	湖南省桂东县
659	8－0659－5－143	浏阳红一方面军活动旧址	1930年	湖南省浏阳市
660	8－0660－5－144	中央红军长征突破第三道封锁线指挥部旧址	1934年	湖南省宜章县
661	8－0661－5－145	平江惨案遗址	1939年	湖南省平江县
662	8－0662－5－146	湘西雪峰山抗战旧址	1945年	湖南省溆浦县、辰溪县、洞口县
663	8－0663－5－147	程潜公馆	1948年	湖南省长沙市芙蓉区
664	8－0664－5－148	湘西剿匪旧址	1949～1952年	湖南省沅陵县、辰溪县
665	8－0665－5－149	醴陵群力瓷厂旧址	1958年	湖南省醴陵市
666	8－0666－5－150	核工业711功勋铀矿旧址	1960～1994年	湖南省郴州市苏仙区
667	8－0667－5－151	司徒美堂故居	1868年	广东省开平市
668	8－0668－5－152	万木草堂	1891年	广东省广州市越秀区
669	8－0669－5－153	潮海关旧址	1898～1922年	广东省汕头市金平区、濠江区

续表

序号	编号	名称	时代	地址
670	8－0670－5－154	中英街界碑	1905年	广东省深圳市盐田区
671	8－0671－5－155	开平风采堂	1914年	广东省开平市
672	8－0672－5－156	大埔肇庆堂	1917年	广东省大埔县
673	8－0673－5－157	中国共产党广东区执行委员会旧址	1922～1927年	广东省广州市越秀区
674	8－0674－5－158	叶挺独立团团部旧址	1925年	广东省肇庆市端州区
675	8－0675－5－159	广东省农民协会旧址	1925～1927年	广东省广州市越秀区
676	8－0676－5－160	三河中山纪念堂	1929年	广东省大埔县
677	8－0677－5－161	蒋光鼐故居	1930年	广东省东莞市
678	8－0678－5－162	香港文化名人大营救指挥部旧址	1942年	广东省龙川县
679	8－0679－5－163	土洋村东江纵队司令部旧址	1943～1945年	广东省深圳市龙岗区
680	8－0680－5－164	长岗坡渡槽	1981年	广东省罗定市
681	8－0681－5－165	西林教案发生地	1856年	广西壮族自治区田林县
682	8－0682－5－166	法国驻龙州领事馆旧址	1898～1949年	广西壮族自治区龙州县
683	8－0683－5－167	武宣刘氏庄园	1911年	广西壮族自治区武宣县
684	8－0684－5－168	武宣郭氏庄园	1924年	广西壮族自治区武宣县
685	8－0685－5－169	梧州市中共广西早期革命活动旧址	1926～1928年	广西壮族自治区梧州市万秀区

续表

序号	编　号	名　称	时　代	地　址
686	8－0686－5－170	中共广西省第一次代表大会旧址	1928 年	广西壮族自治区贵港市港北区
687	8－0687－5－171	广西省立艺术馆旧址	1944 年	广西壮族自治区桂林市秀峰区
688	8－0688－5－172	文昌符家宅	1917 年	海南省文昌市
689	8－0689－5－173	琼崖工农红军云龙改编旧址	1938 年	海南省海口市琼山区
690	8－0690－5－174	侵华日军侵琼八所死难劳工纪念地	1939～1942 年	海南省东方市
691	8－0691－5－175	西山钟楼	1931 年	重庆市万州区
692	8－0692－5－176	重庆大学早期建筑	1933～1935 年	重庆市沙坪坝区
693	8－0693－5－177	瀼渡电厂	1944 年	重庆市万州区
694	8－0694－5－178	张自忠将军墓	1940 年	重庆市北碚区
695	8－0695－5－179	罗斯福图书馆旧址	1947 年	重庆市渝中区
696	8－0696－5－180	荣县军政府旧址	1911 年	四川省荣县
697	8－0697－5－181	雅安明德中学旧址	1922 年	四川省雅安市雨城区
698	8－0698－5－182	洞窝水电站	1925 年	四川省泸州市龙马潭区
699	8－0699－5－183	木门会议旧址	1933 年	四川省旺苍县
700	8－0700－5－184	通江红四方面军总医院旧址	1934～1935 年	四川省通江县
701	8－0701－5－185	红军长征过石厢子旧址	1935 年	四川省叙永县
702	8－0702－5－186	川藏公路大渡河悬索桥	1951 年	四川省泸定县
703	8－0703－5－187	蓬基井	1958 年	四川省大英县

续表

序号	编　号	名　称	时　代	地　址
704	8－0704－5－188	三线核武器研制基地旧址	1969 年	四川省梓潼县
705	8－0705－5－189	首座受控核聚变实验装置旧址	1971 年	四川省乐山市市中区
706	8－0706－5－190	奇峰渡槽	1975～1978 年	四川省泸县
707	8－0707－5－191	玛瑙山营盘遗址	1857 年	贵州省凤冈县
708	8－0708－5－192	贵阳达德学校旧址	1901～1950 年	贵州省贵阳市南明区
709	8－0709－5－193	猴场会议旧址	1934 年	贵州省瓮安县
710	8－0710－5－194	苟坝会议旧址	1935 年	贵州省遵义市播州区
711	8－0711－5－195	天门河水电厂旧址	1943 年	贵州省桐梓县
712	8－0712－5－196	邓萍墓	1958 年	贵州省遵义市红花岗区
713	8－0713－5－197	三线贵州航空发动机厂旧址	1965 年	贵州省安顺市平坝区
714	8－0714－5－198	三线贵州歼击机总装厂旧址	1966 年	贵州省安顺市西秀区
715	8－0715－5－199	云南大学会泽院	1924 年	云南省昆明市五华区
716	8－0716－5－200	大理天主教堂	1931 年	云南省大理市
717	8－0717－5－201	昆明卢氏公馆	1933 年	云南省昆明市五华区
718	8－0718－5－202	滇缅公路惠通桥	1935 年	云南省龙陵县
719	8－0719－5－203	凤凰山天文台近代建筑	1939 年	云南省昆明市官渡区
720	8－0720－5－204	畹町桥	1938 年	云南省瑞丽市
721	8－0721－5－205	中央电工器材厂一厂旧址	1939 年	云南省昆明市西山区

续表

序号	编号	名称	时代	地址
722	8－0722－5－206	滇缅铁路禄丰炼象关桥隧群	1942年	云南省禄丰县
723	8－0723－5－207	凤庆茶厂老厂区旧址	1950年	云南省凤庆县
724	8－0724－5－208	开远发电厂旧址	1956年	云南省开远市
725	8－0725－5－209	开远长虹桥	1961年	云南省开远市
726	8－0726－5－210	亚东海关遗址	1894～1903年	西藏自治区亚东县
727	8－0727－5－211	昌都地区人民解放委员会办公旧址	1955～1959年	西藏自治区昌都市卡若区
728	8－0728－5－212	川藏、青藏公路纪念碑	1984年	西藏自治区拉萨市城关区
729	8－0729－5－213	革命公园	1927年	陕西省西安市新城区
730	8－0730－5－214	葛牌镇红25军军部旧址	1935年	陕西省蓝田县
731	8－0731－5－215	国立西北联合大学旧址	1938～1946年	陕西省城固县
732	8－0732－5－216	马栏革命旧址	1939～1949年	陕西省旬邑县
733	8－0733－5－217	宝鸡申新纱厂旧址	1941～1943年	陕西省宝鸡市金台区
734	8－0734－5－218	金盆湾八路军三五九旅旅部旧址	1941～1944年	陕西省延安市宝塔区
735	8－0735－5－219	陕甘宁边区高等法院旧址	1941～1949年	陕西省延安市宝塔区
736	8－0736－5－220	延安陕甘宁晋绥联防军司令部旧址	1942～1947年	陕西省延安市宝塔区
737	8－0737－5－221	美军驻延安观察组驻地旧址	1944～1947年	陕西省延安市宝塔区

续表

序号	编 号	名 称	时 代	地 址
738	8－0738－5－222	张思德牺牲纪念地	1944 年	陕西省延安市安塞区
739	8－0739－5－223	小河会议旧址	1947 年	陕西省靖边县
740	8－0740－5－224	山城堡战役旧址	1936 年	甘肃省环县
741	8－0741－5－225	河连湾陕甘宁省苏维埃政府旧址	1936～1937 年	甘肃省环县
742	8－0742－5－226	尕路田大房子	1943 年	甘肃省临潭县
743	8－0743－5－227	果洛红军沟	1936 年	青海省班玛县
744	8－0744－5－228	囊拉千户院	1948～1950 年	青海省尖扎县
745	8－0745－5－229	果洛和平解放纪念地	1952 年	青海省达日县
746	8－0746－5－230	乌鲁木齐文庙	1922 年	新疆维吾尔自治区乌鲁木齐市天山区
747	8－0747－5－231	赛图拉哨卡遗址	1877～1962 年	新疆维吾尔自治区皮山县
748	8－0748－5－232	毛泽民办公室及宿舍旧址	1940～1941 年	新疆维吾尔自治区乌鲁木齐市天山区
749	8－0749－5－233	石河子军垦旧址	1952 年	新疆生产建设兵团第八师石河子市
750	8－0750－5－234	玉尔滚军垦旧址	1973 年	新疆生产建设兵团第一师阿拉尔市

六、其他(共计 12 处)

序号	编 号	名 称	时 代	地 址
751	8－0751－6－001	华亭海塘奉贤段	清	上海市奉贤区
752	8－0752－6－002	兴化垛田	唐至今	江苏省兴化市

续表

序号	编号	名称	时代	地址
753	8－0753－6－003	江阴蚕种场	1928年	江苏省江阴市
754	8－0754－6－004	洋河地下酒窖	1960～1975年	江苏省宿迁市宿城区
755	8－0755－6－005	太湖溇港	春秋至今	浙江省湖州市吴兴区
756	8－0756－6－006	钱塘江海塘海盐敕海庙段和海宁段	明清至今	浙江省海盐县、海宁市
757	8－0757－6－007	矾山矾矿遗址	清至1994年	浙江省苍南县
758	8－0758－6－008	霍童灌溉工程	隋至今	福建省宁德市蕉城区
759	8－0759－6－009	渠江茶园	明清至今	湖南省安化县
760	8－0760－6－010	岃塘陂、亭塘陂水利工程	宋明至今	海南省海口市琼山区
761	8－0761－6－011	先市酱油酿造作坊群	清至今	四川省合江县
762	8－0762－6－012	凤堰梯田	清至今	陕西省汉阴县

与现有全国重点文物保护单位合并的项目

（共计50处）

一、古遗址(10处)

序号	编号	名称	时代	地址	备注
1	8－0000－1－001	长城马水口段、样边段、板厂峪段	明	河北省涿鹿县、怀来县、秦皇岛市海港区	并入第五批全国重点文物保护单位长城
2	8－0000－1－002	长城新广武村段、荷叶坪－王家岔段、竹帛口段、阳方口段	北齐、明	山西省山阴县、岢岚县、繁峙县、宁武县	并入第五批全国重点文物保护单位长城

续表

序号	编　号	名　称	时　代	地　址	备　注
3	8－0000－1－003	砬子山城遗址	唐	黑龙江省宁安市	并入第六批全国重点文物保护单位牡丹江边墙
4	8－0000－1－004	老黑山城遗址	唐	黑龙江省宁安市	并入第六批全国重点文物保护单位牡丹江边墙
5	8－0000－1－005	板闸遗址	明	江苏省淮安市淮安区	并入第六批全国重点文物保护单位大运河
6	8－0000－1－006	源口窑遗址	元明	浙江省龙泉市	并入第三批全国重点文物保护单位大窑龙泉窑遗址
7	8－0000－1－007	骆冲窑遗址	五代至宋	安徽省繁昌县	并入第五批全国重点文物保护单位繁昌窑遗址
8	8－0000－1－008	大上清宫遗址	宋至清	江西省贵溪市	并入第七批全国重点文物保护单位龙虎山古建筑群
9	8－0000－1－009	战国魏长城黄龙段	战国	陕西省黄龙县	并入第四批全国重点文物保护单位魏长城遗址

续表

序号	编号	名称	时代	地址	备注
10	8－0000－1－010	战国魏长城合阳段	战国	陕西省合阳县	并入第四批全国重点文物保护单位魏长城遗址

二、古墓葬(5处)

序号	编号	名称	时代	地址	备注
11	8－0000－2－001	上王家壁画墓	汉晋	辽宁省辽阳市太子河区	并入第一批全国重点文物保护单位辽阳壁画墓群
12	8－0000－2－002	国字山墓群	东周	江西省樟树市	并入第五批全国重点文物保护单位筑卫城遗址
13	8－0000－2－003	九嶷山舜帝陵	明清	湖南省宁远县	并入第六批全国重点文物保护单位舜帝庙遗址
14	8－0000－2－004	杨辉墓	明	贵州省遵义市播州区	并入第二批全国重点文物保护单位杨粲墓，更名为杨氏土司墓群
15	8－0000－2－005	江村大墓	西汉	陕西省西安市灞桥区	并入第五批全国重点文物保护单位西汉帝陵

三、古建筑(3处)

序号	编　号	名　称	时　代	地　址	备　注
16	8－0000－3－001	通州燃灯塔	清	北京市通州区	并入第六批全国重点文物保护单位大运河
17	8－0000－3－002	巾山东大塔、南山殿塔	明清	浙江省临海市	并入第七批全国重点文物保护单位千佛塔，更名为巾山塔群
18	8－0000－3－003	筇竹寺墓塔	元至民国	云南省昆明市五华区	并入第五批全国重点文物保护单位筇竹寺

四、石窟寺及石刻(7处)

序号	编　号	名　称	时　代	地　址	备　注
19	8－0000－4－001	吴官屯石窟	北魏	山西省大同市云冈区	并入第一批全国重点文物保护单位云冈石窟
20	8－0000－4－002	鲁班窑石窟	北魏	山西省大同市云冈区	并入第一批全国重点文物保护单位云冈石窟
21	8－0000－4－003	象庄村石象	东汉	河南省孟津县	并入第五批全国重点文物保护单位邙山陵墓群

续表

序号	编号	名称	时代	地址	备注
22	8-0000-4-004	花山岩画增补点	战国至东汉	广西壮族自治区崇左市江州区、宁明县、龙州县、扶绥县	并入第三批全国重点文物保护单位花山岩画
23	8-0000-4-005	妙高山摩崖造像	南宋	重庆市大足区	并入第一批全国重点文物保护单位北山摩崖造像
24	8-0000-4-006	舒成岩摩崖造像	南宋	重庆市大足区	并入第一批全国重点文物保护单位北山摩崖造像
25	8-0000-4-007	西狭古栈道遗址及题刻	东汉	甘肃省成县	并入第五批全国重点文物保护单位西狭颂摩崖石刻，更名为西狭古栈道及摩崖石刻

五、近现代重要史迹及代表性建筑(25处)

序号	编号	名称	时代	地址	备注
26	8-0000-5-001	圣米厄尔教堂	1904年	北京市东城区	并入第五批全国重点文物保护单位东交民巷使馆建筑群

续表

序号	编　号	名　称	时代	地　址	备　注
27	8－0000－5－002	满铁农事试验场熊岳城分场旧址	1909～1945年	辽宁省营口市鲅鱼圈区	并入第六批全国重点文物保护单位中东铁路建筑群
28	8－0000－5－003	中东铁路建筑群增补点	1903年	吉林省长春市德惠市、宽城区	并入第六批全国重点文物保护单位中东铁路建筑群
29	8－0000－5－004	横道河子机务公寓旧址	1900～1935年	黑龙江省海林市	并入第六批全国重点文物保护单位中东铁路建筑群
30	8－0000－5－005	富拉尔基火车站旧址	1903年	黑龙江省齐齐哈尔市富拉尔基区	并入第六批全国重点文物保护单位中东铁路建筑群
31	8－0000－5－006	勃利西山仓库遗址	1934年	黑龙江省勃利县	并入第六批全国重点文物保护单位侵华日军东北要塞
32	8－0000－5－007	中国共产党第一次全国代表大会宿舍旧址	1921年	上海市黄浦区	并入第一批全国重点文物保护单位中国共产党第一次全国代表大会会址

序号	编　号	名　称	时代	地　址	备　注
33	8－0000－5－008	中山陵附属革命历史图书馆旧址	1935年	江苏省南京市玄武区	并入第一批全国重点文物保护单位中山陵
34	8－0000－5－009	九龙岗老火车站碉堡	1938～1945年	安徽省淮南市大通区	并入第七批全国重点文物保护单位侵华日军淮南罪证遗址
35	8－0000－5－010	鼓浪屿近代建筑群增补点	清至民国	福建省厦门市思明区	并入第六批全国重点文物保护单位鼓浪屿近代建筑群
36	8－0000－5－011	中共闽浙赣省机关旧址	1926～1934年	江西省横峰县	并入第四批全国重点文物保护单位闽浙赣省委机关旧址
37	8－0000－5－012	德国海军军官俱乐部旧址	1909年	山东省青岛市市南区	并入第四批全国重点文物保护单位青岛德国建筑
38	8－0000－5－013	汉口新泰大楼旧址	1924年	湖北省武汉市江岸区	并入第六批全国重点文物保护单位汉口近代建筑群

续表

序号	编　号	名　称	时　代	地　址	备　注
39	8－0000－5－014	汉口华俄道胜银行旧址	1896 年	湖北省武汉市江岸区	并入第六批全国重点文物保护单位汉口近代建筑群
40	8－0000－5－015	汉口英商电灯公司旧址	1905 年	湖北省武汉市江岸区	并入第六批全国重点文物保护单位汉口近代建筑群
41	8－0000－5－016	汉口花旗银行大楼旧址	1921 年	湖北省武汉市江岸区	并入第六批全国重点文物保护单位汉口近代建筑群
42	8－0000－5－017	汉口景明大楼旧址	1921 年	湖北省武汉市江岸区	并入第六批全国重点文物保护单位汉口近代建筑群
43	8－0000－5－018	罗荣桓故居增补点	1902 年	湖南省衡东县	并入第七批全国重点文物保护单位罗荣桓故居
44	8－0000－5－019	秋收起义文家市会师旧址增补点	1927 年	湖南省浏阳市	并入第一批全国重点文物保护单位秋收起义文家市会师旧址

续表

序号	编　号	名　称	时　代	地　址	备　注
45	8－0000－5－020	湘鄂赣革命根据地旧址增补点	1929～1937年	湖南省平江县	并入第六批全国重点文物保护单位湘鄂赣革命根据地旧址
46	8－0000－5－021	湘鄂川黔革命根据地旧址增补点	1934～1935年	湖南省永顺县、津市市	并入第六批全国重点文物保护单位湘鄂川黔革命根据地旧址
47	8－0000－5－022	黄埔军校第二分校十四军官总队旧址	1938～1945年	湖南省洞口县	并入第七批全国重点文物保护单位黄埔军校第二分校旧址
48	8－0000－5－023	赤山约农会旧址	1922年	广东省海丰县	并入第一批全国重点文物保护单位海丰红宫、红场旧址
49	8－0000－5－024	黄埔军校燕塘分校旧址	1925～1929年	广东省广州市天河区	并入第三批全国重点文物保护单位黄埔军校旧址
50	8－0000－5－025	湘江战役旧址增补点	1934年	广西壮族自治区全州县、龙胜各族自治县、资源县	并入第六批全国重点文物保护单位湘江战役旧址

国务院关于进一步做好利用外资工作的意见

（2019年10月30日 国发〔2019〕23号）

对外开放是我国基本国策。外资在我国经济发展中发挥了独特而重要的作用，推动高质量发展、推进现代化建设必须始终高度重视利用外资。当前，国际投资格局深刻调整，我国利用外资工作面临新形势、新特点、新挑战。为深入贯彻习近平新时代中国特色社会主义思想，全面贯彻党的十九大和十九届二中、三中、四中全会精神，统筹推进“五位一体”总体布局，协调推进“四个全面”战略布局，落实党中央、国务院关于稳外资工作的决策部署，以激发市场活力、提振投资信心为出发点，以保障外商投资企业国民待遇为重点，以打造公开、透明、可预期的外商投资环境为着力点，持续深化“放管服”改革，进一步做好利用外资工作，稳定外资规模，优化外资结构，现提出以下意见。

一、深化对外开放

（一）支持外商投资新开放领域。继续压减全国和自由贸易试验区外商投资准入负面清单，全面清理取消未纳入负面清单的限制措施，保障开放举措有效实施，持续提升开放水平。（发展改革委、商务部牵头，各有关部门、各省级人民政府按职责分工负责）

（二）加快金融业开放进程。全面取消在华外资银行、证券公司、基金管理公司等金融机构业务范围限制，丰富市场供给，增强市场活力。减少外国投资者投资设立银行业、保险业机构和开展相关业务的数量型准入条件，取消外国银行来华设立外资法人银行、分行的总资产要求，取消外国保险经纪公司在华经营保险经纪业务的经营年限、总资产要求。扩大投资入股外资银行和外资保险机构的股东范围，取消中外合资银行中方唯一或主要股东必须是金融机构的要求，允许外国保险集团公司投资设立保险类机构。继续支持按照内外资一致的原则办理外资保险公司及其分支机构设立及变更等行政许可事项。2020 年取消证券公司、证券投资基金管理公司、期货公司、寿险公司外资持股比例不超过 51% 的限制。（人民银行、银保监会、证监会按职责分工负责）

（三）优化汽车领域外资政策。各地区要保障内外资汽车制造企业生产的新能源汽车享受同等市场准入待遇。修订乘用车企业平均燃料消耗量与新能源汽车积分并行管理办法，在外方与中方合资伙伴协商一致后，允许外方在华投资的整车企业之间转让积分。（工业和信息化部、各省级人民政府按职责分工负责）

（四）着力营造公平经营环境。各地区、各部门要着力提高市场的公平性，及时纠正违反公平竞争的做法，着力消除妨害公平竞争的制度性障碍。统一内外资建筑业企业承揽业务范围。完善外国投资者申请从事互联网上网服务营业场所、娱乐场所经营等业务相关规定。坚持按照内外资机构同等待遇原则，开展强制性产品认证机构的资质审批工作。增加化学品物理危险性鉴定机构数量，不得针对外商投资企业设置限制性条件。（发展改革委、住房城乡建设部、商务部、文化和旅游部、应急部、市场监管总局、各省级人民政府按职责分工负责）

二、加大投资促进力度

（五）优化外商投资企业科技创新服务。加强对外商投资企业申请高新技术企业认定的指导和服务，组织开展政策专题培训，加强政策宣传，鼓励和引导外资更多投向高新技术产业。（科技部、财政部、税务总局、各省级人民政府按职责分工负责）

（六）提升自由贸易试验区建设水平。支持地方和部门聚焦市场主体期盼，提出支持自由贸易试验区进一步扩大开放和创新发展的具体措施，推进相关深层次改革事项在自由贸易试验区先行先试，充分发挥自由贸易试验区改革开放试验田作用。对有条件的自由贸易试验区下放更多省级经济管理审批权限，尤其是投资审批、市场准入等权限。（商务部牵头，发展改革委等有关部门、各有关省级人民政府按职责分工负责）

（七）提升开放平台引资质量。鼓励地方人民政府对有条件建设具有较强竞争力产业集群的国家级经济技术开发区予以支持，打造品牌化招商引资平台。建立重点企业联系制度，提供专业化、全流程服务，着力培育带动力强、辐射面广的龙头企业和产业链核心企业。在确有发展需要且符合条件的中西部地区，优先增设一批综合保税区。切实推进国家级经济技术开发区“审批不出区”、“互联网+政务服务”和“最多跑一次”改革，创新完善企业服务体系，构建一流营商环境。（财政部、工业和信息化部、商务部、海关总署、税务总局、各省级人民政府按职责分工负责）

（八）支持地方加大对外资的招商引资力度。鼓励地方政府根据当地招商工作实际，制定考核激励政策，对招商部门、团队内非公务员岗位实行更加灵活的激励措施。鼓励地方政府在法定权限内合理设定招商引资工作经费额度与标准，对出境招商活动、团组申请等予以支持。（外交部、发展改革委、财政部、人力资源社会保障部、商务部、各省级人民政府按职责分工负责）

（九）抓好政策宣传解读。各地区、各部门要通过设立投资服务平台、政策咨询窗口等方式，积极开展政策宣传，深入企业宣讲政策，了解政策实施难点、堵点，全方位回应企业诉求，依法依规支持外商投资企业享受配套优惠政策，协助企业用足用好各项政策。（各有关部门、各省级人民政府按职责分工负责）

三、深化投资便利化改革

（十）降低资金跨境使用成本。尽快出台具体措施，支持外商投资企业扩大人民币跨境使用。扩大资本项目收入支付便利化改革试点范围。推进企业发行外债登记制度改革，完善全口径跨境融资宏观审慎管理政策，支持外商投资企业自主选择借用外债模式，降低融资成本。鼓励外商投资企业资本金依法用于境内股权

投资。(发展改革委、商务部、人民银行、外汇局按职责分工负责)

(十一)提高来华工作便利度。支持各地区根据本地经济发展需要,对于急需紧缺的创新创业人才、专业技能人才来华工作,可适当放宽年龄、学历或工作经历等限制。对有创新创业意愿的外国留学生,可凭中国高校毕业证书申请2年私人事务类居留许可。已连续两次申请办理工作类居留许可的外国人,可在第三次申请时按规定签发5年有效期的工作类居留许可。优化外国人申请来华工作许可办理流程,完善部门信息共享机制,探索整合外国人工作许可证和工作类居留许可。(外交部、科技部、人力资源社会保障部、移民局、各省级人民政府按职责分工负责)

(十二)优化外资项目规划用地审批程序。持续深化规划用地"放管服"改革,加快外资项目落地进度。合并规划选址和用地预审,合并建设用地规划许可和用地批准,推进多测整合、多验合一,推进信息共享,简化报件审批材料。(自然资源部牵头,发展改革委、住房城乡建设部、商务部等部门和各省级人民政府按职责分工负责)

四、保护外商投资合法权益

(十三)全面贯彻外商投资法。外商投资法及其配套法规实施后,各地区、各部门要严格贯彻落实,进一步清理相关法规规定,抓紧制定完善具体实施办法和有关司法解释,做好解读和培训工作,确保外商投资法各项制度切实有效执行。(商务部、发展改革委、最高人民法院、司法部牵头,各部门、各省级人民政府按职责分工负责)

(十四)保护外商投资企业合法权益。各地区应建立健全外商投资企业投诉受理机构,完善处理规则,规范处理程序,提高处理效率。各地区、各部门应严格遵照外商投资法、行政许可法等法律法规对外商投资实施行政许可,不得擅自改变行政许可范围、程序及标准等,行政机关及其工作人员不得通过行政许可、监督检查、行政强制等,强制或者变相强制外国投资者、外商投资企业转让技

术。(商务部牵头,各部门、各省级人民政府按职责分工负责)

(十五)强化监管政策执行规范性。优化监管方式,科学合理设定环境保护、安全生产等监管执法检查频次,降低外商投资企业合规成本。地方政府应依照大气污染防治法等有关法律法规规定采取重污染天气应急措施。指导各地在市场监管领域细化、量化行政处罚自由裁量标准。(生态环境部、应急部、市场监管总局等部门和各省级人民政府按职责分工负责)

(十六)提高行政规范性文件制定透明度。各地区、各部门制定出台涉及外商投资的行政规范性文件,应当加强合法性审核。与外商投资企业生产经营活动密切相关的行政规范性文件,应当结合实际,合理确定公布到施行之间的时间,提高政策可预见性和透明度。(各部门、各省级人民政府按职责分工负责)

(十七)发挥知识产权司法保护重要作用。充分发挥财产保全、证据保全、行为保全的制度效能,提高知识产权司法救济的及时性和便利性。优化涉及外商投资企业知识产权案件中对证据形式要件的要求,适用事实推定,合理减轻外方当事人的诉讼负担。依法加强保护商业秘密、合理分配举证责任,加大民事保护和刑事保护力度。依法集中、统一审理专利无效与侵权上诉案件,进一步提升审判质效。充分尊重知识产权的市场价值,积极运用惩罚性赔偿,加大对恶意侵权行为、重复侵权行为的打击力度。进一步完善技术调查官制度,加强技术类案件的多元事实查明机制建设。加强涉及标准必要专利的案件审理,保障公平竞争市场秩序。充分发挥知识产权案件多元化调解的作用,实质性解决纠纷。进一步统一知识产权案件诉讼证据和司法裁判标准,适时出台有关司法解释,发布指导性案例,持续提升知识产权司法审判工作规范化、科学化、国际化水平。(最高人民法院负责)

(十八)完善知识产权保护工作机制。建立健全知识产权快速协同保护和信用联合惩戒机制,持续推进知识产权纠纷仲裁调解工作,构建完善知识产权纠纷多元化解决机制。完善注册商标撤销程序。健全地理标志保护制度。完善电子商务知识产权保护机制，完善电子商务平台专利侵权判定通知、移除规则，完善电子商务领域专利执法维权协作调度机制。积极运用标准化方法，加强知识产权保护。（商务部、市场监管总局、知识产权局、各省级人民政府按职责分工负责）

（十九）支持参与标准制定。指导各地区、各部门全面落实内外资企业公平参与我国标准化工作，鼓励外商投资企业参与我国医疗器械、食品药品、信息化产品等标准制定，提高行业标准和技术规范制修订的科学性和透明度。（市场监管总局牵头，各部门、各省级人民政府按职责分工负责）

（二十）保障依法平等参与政府采购。各地区、各部门在政府采购信息发布、供应商条件确定、评标标准等方面，不得对外商投资企业实行歧视待遇，不得限定供应商的所有制形式、组织形式、股权结构或者投资者国别，以及产品或服务品牌等。（财政部牵头，各部门、各省级人民政府按职责分工负责）

各地区、各部门要深入贯彻党中央、国务院关于稳外资工作的部署要求，充分认识当前进一步做好利用外资工作的重要意义，提高站位，主动作为，务求实效，狠抓各项政策措施落实。涉及修订或废止行政法规、国务院文件、经国务院批准的部门规章的，由原牵头起草部门或商务部会同有关部门报请国务院修订或废止。商务部要会同有关部门加强指导和协调，重大问题及时向国务院报告。

国务院关于开展第七次全国人口普查的通知

（2019 年 10 月 31 日　国发〔2019〕24 号）

根据《中华人民共和国统计法》和《全国人口普查条例》规定，

国务院决定于2020年开展第七次全国人口普查。现将有关事项通知如下：

一、总体要求

（一）指导思想。以习近平新时代中国特色社会主义思想为指导，全面贯彻党的十九大和十九届二中、三中、四中全会精神，认真落实党中央、国务院关于统计改革发展的决策部署，坚持实事求是、改革创新，科学设计、精心组织，周密部署、依法实施，确保第七次全国人口普查数据真实准确，全面客观反映我国人口发展状况。

（二）普查目的。第七次全国人口普查是在中国特色社会主义进入新时代开展的重大国情国力调查，将全面查清我国人口数量、结构、分布、城乡住房等方面情况，为完善人口发展战略和政策体系，促进人口长期均衡发展，科学制定国民经济和社会发展规划，推动经济高质量发展，开启全面建设社会主义现代化国家新征程，向第二个百年奋斗目标进军，提供科学准确的统计信息支持。

二、普查对象、内容和时间

普查对象是普查标准时点在中华人民共和国境内的自然人以及在中华人民共和国境外但未定居的中国公民，不包括在中华人民共和国境内短期停留的境外人员。

普查主要调查人口和住户的基本情况，内容包括：姓名、公民身份号码、性别、年龄、民族、受教育程度、行业、职业、迁移流动、婚姻生育、死亡、住房情况等。

普查标准时点是2020年11月1日零时。

三、组织实施

第七次全国人口普查涉及范围广、参与部门多、技术要求高、工作难度大，各地区、各部门要按照“全国统一领导、部门分工协作、地方分级负责、各方共同参与”的原则，认真做好普查的宣传动员和组织实施工作。

为加强组织领导，国务院决定成立第七次全国人口普查领导小组，负责普查组织实施中重大问题的研究和决策。普查领导小组办公室设在国家统计局，具体负责普查的组织实施。各成员单位要按照职能分工，各负其责、通力协作、密切配合，共同做好普查工作。对普查工作中遇到的困难和问题，要及时采取措施予以解决。

地方各级人民政府要设立相应的普查领导小组及其办公室，认真做好本地区普查工作。要充分发挥街道办事处和乡镇政府、居民委员会和村民委员会的作用，广泛引导、动员和组织社会力量积极参与并认真配合做好普查工作。

地方普查机构可根据工作需要，招聘或者从有关单位借调符合条件的普查指导员和普查员。为稳定普查工作队伍，确保普查工作顺利进行，应及时支付招聘人员的劳动报酬，保证借调人员在原单位的工资、福利及其他待遇不变，并保留其原有工作岗位。

四、经费保障

第七次全国人口普查所需经费，由中央和地方各级人民政府共同负担，并列入相应年度的财政预算，按时拨付、确保到位。

五、工作要求

（一）坚持依法普查。各地区、各部门要按照《中华人民共和国统计法》、《中华人民共和国统计法实施条例》、《全国人口普查条例》等法律法规要求，认真做好普查各项工作。普查取得的数据，严格限定用于普查目的，不得作为任何部门和单位对各级行政管理工作实施考核、奖惩的依据。普查中获得的能够识别或者推断单个普查对象身份的资料，不得作为对普查对象实施处罚等具体行政行为的依据。

（二）确保数据质量。建立健全普查数据质量追溯和问责机制，各级人民政府统计机构要加大对普查工作中违纪违法行为的查处和通报曝光力度，坚决杜绝人为干扰普查工作的现象，确保普查工作顺利进行和普查数据真实准确。对普查中发现应当给予党纪政务处分或组织处理的统计违纪违法责任人，由统计机构按规定提出处分处理建议并及时移送任免机关、纪检监察机关或组织

(人事)部门。

(三)提升信息化水平。采取电子化方式开展普查登记,探索使用智能手机采集数据。广泛应用部门行政记录,推进大数据在普查中的应用,提高普查数据采集处理效能。全流程加强对公民个人信息的保护,各级普查机构及其工作人员必须严格履行保密义务,严禁向任何机构、单位、个人泄露或出售公民个人信息。

(四)加强宣传工作。各级普查机构要会同宣传部门认真做好普查宣传的策划和组织工作。采用多种手段,广泛深入宣传第七次全国人口普查的重要意义和要求,引导广大普查对象依法配合普查,如实申报普查项目,为普查工作顺利实施创造良好舆论环境。

附件:国务院第七次全国人口普查领导小组组成人员名单

附件

国务院第七次全国人口普查领导小组组成人员名单

组　长:	韩　正	国务院副总理
副组长:	丁学东	国务院副秘书长
	宁吉喆	统计局局长
	连维良	发展改革委副主任
	孙力军	公安部副部长
	王广华	自然资源部副部长
	倪　虹	住房城乡建设部副部长
	于学军	卫生健康委副主任
成　员:	梁言顺	中央宣传部副部长
	杨小伟	中央网信办副主任
	张宇航	中直管理局副局长
	孙　尧	教育部副部长
	赵　勇	国家民委副主任

高晓兵	民政部副部长
刘　炤	司法部副部长
程丽华	财政部副部长
汤　涛	人力资源社会保障部副部长
于康震	农业农村部副部长
唐　军	市场监管总局副局长
范卫平	广电总局副局长
李晓超	统计局副局长
赵峰涛	国管局副局长
邓中华	港澳办副主任
郭　玮	国研室副主任
龙明彪	台办副主任
尹成基	移民局副局长
何宏军	中央军委政治工作部副主任
钱毅平	中央军委后勤保障部副部长

领导小组办公室主任由统计局副局长李晓超兼任。

国务院部门规章

生态环境部关于废止、修改部分规章的决定

（2019 年 8 月 22 日生态环境部令第 7 号公布　自公布之日起施行　国司备字〔2019000783〕）

根据《国务院办公厅关于开展生态环境保护法规、规章、规范性文件清理工作的通知》（国办发〔2018〕87 号）和《国务院办公厅关于做好证明事项清理工作的通知》（国办发〔2018〕47 号），我部决定对下列规章予以废止或者修改：

一、决定予以废止的规章

（一）全国环境监测管理条例（1983 年，城环字〔1983〕483 号，城乡建设环境保护部）

（二）环境监理人员行为规范（1995 年，国家环境保护局令第 16 号）

（三）电磁辐射环境保护管理办法（1997 年，国家环境保护局令第 18 号）

（四）环境信息公开办法（试行）（2007 年，国家环境保护总局令第 35 号）

（五）环境行政执法后督察办法（2010 年，环境保护部令第 14 号）

二、决定予以修改的规章

（一）国家环境保护总局建设项目环境影响评价文件审批程序规定（2005 年，国家环境保护总局令第 29 号）

删去第八条建设单位应当提交材料第三项“建设项目建议书

批准文件(审批制项目)或备案准予文件(备案制项目)1份”。

(二)国家级自然保护区监督检查办法(2006年,国家环境保护总局令第36号,2017年12月20日经环境保护部令第47号修改)

删去第十三条第四项“涉及国家级自然保护区且其环境影响评价文件依法由地方环境保护行政主管部门审批的建设项目,其环境影响评价文件在审批前是否征得国务院环境保护行政主管部门的同意”。

(三)危险废物出口核准管理办法(2008年,国家环境保护总局令第47号)

1. 删去第五条第一款申请出口危险废物应当提交材料第十一项中的“出口者为危险废物收集者、贮存者、处置者或者利用者的,还需提交危险废物经营许可证”;

2. 删去第五条第一款申请出口危险废物应当提交材料第十二项“危险废物国内运输单位危险货物运输资质证书及承运合同”。

(四)消耗臭氧层物质进出口管理办法(2014年,环境保护部、商务部、海关总署令第26号)

1. 删去第七条进出口单位应当提交材料第一款第一项“法人营业执照和对外贸易经营者备案登记表”,第二项“消耗臭氧层物质进出口单位年度环保备案表”,以及第三款中的“该危险化学品的国内生产使用企业持有的危险化学品环境管理登记证”。相应将第七条修改为:

“进出口单位应当在每年10月31日前向国家消耗臭氧层物质进出口管理机构申请下一年度进出口配额,并提交下一年度消耗臭氧层物质进出口配额申请书和年度进出口计划表。

“初次申请进出口配额的进出口单位,还应当提交法人营业执照和对外贸易经营者备案登记表,以及前三年消耗臭氧层物质进出口业绩。

“申请进出口属于危险化学品的消耗臭氧层物质的单位,还应当提交安全生产监督管理部门核发的危险化学品生产、使用或者经营许可证。

“未按时提交上述材料或者提交材料不齐全的,国家消耗臭氧层物质进出口管理机构不予受理配额申请。”

2. 删去第十条第二款中的“应当持有回收单位所在省级环境保护主管部门签发的回收证明”,相应将第十条第二款修改为:“出口回收的消耗臭氧层物质的单位依法申请领取进出口受控消耗臭氧层物质审批单后,方可办理其他手续。”

(五)排污许可管理办法(试行)(2018 年,环境保护部令第 48 号)

删去第四十四条申请变更排污许可证应当提交材料第三项“排污许可证正本复印件”和第四十七条申请延续排污许可证应当提交材料第三项“排污许可证正本复印件”。

(六)放射性同位素与射线装置安全许可管理办法(2006 年,国家环境保护总局令第 31 号,2008 年 12 月 6 日经环境保护部令第 3 号修改,2017 年 12 月 20 日经环境保护部令第 47 号修改)

1. 删去第十八条申请领取许可证应当提交材料第二项“企业法人营业执照正、副本或者事业单位法人证书正、副本及法定代表人身份证原件及其复印件,审验后留存复印件”,第三项“经审批的环境影响评价文件”;

2. 删去第二十二条第一款申请办理许可证变更手续应当提交材料第二项“变更后的企业法人营业执照或事业单位法人证书正、副本复印件”,第三项“许可证正、副本”。相应将第二十二条第一款修改为:“辐射工作单位变更单位名称、地址和法定代表人的,应当自变更登记之日起 20 日内,向原发证机关申请办理许可证变更手续,并提供许可证变更申请报告。”

3. 删去第二十四条第一款申请延续许可证应当提交材料第四项“许可证正、副本”;

4. 删去第二十八条第一款申请进口列入限制进出口目录的放

射性同位素应当提交材料第一项“进口单位许可证复印件”，以及第五项中的“以及使用单位许可证复印件”；

5. 删去第三十条第一款出口列入限制进出口目录的放射性同位素应当提交材料第一项“出口单位许可证复印件”；

6. 删去第三十二条第一款转入放射性同位素应当提交材料第一项“转出、转入单位的许可证”；

7. 删去第三十五条第一款转移放射性同位素到外省、自治区、直辖市的“持许可证复印件”。

（七）民用核安全设备设计制造安装和无损检验监督管理规定（2007年，国家环境保护总局令第43号）

1. 将第九条第一款“申请领取民用核安全设备设计、制造、安装或者无损检验许可证的单位，应当提交申请书和符合第八条规定条件的证明文件”修改为“申请领取民用核安全设备设计、制造、安装或者无损检验许可证的单位，应当提交申请书和符合第八条规定条件的证明文件，具有法人资格的证明文件除外”；

2. 删去第十八条第一款办理许可证变更手续应当提交材料中的“工商注册登记文件”。

（八）进口民用核安全设备监督管理规定（2007年，国家环境保护总局令第46号）

1. 删去第十四条第一款办理注册登记确认书变更手续应当提交材料第二项“原注册登记确认书复印件”；

2. 删去第三十三条第一款进口民用核安全设备报检应当提交材料第二项“注册登记确认书复印件”。

（九）放射性物品运输安全许可管理办法（2010年，环境保护部令第11号）

（1）删去第十一条第二款申请延续设计批准书应当提交材料第一项“原设计批准书复印件”；

（2）删去第二十条第二款申请延续制造许可证应当提交材料第一项“原制造许可证复印件”；

(3)删去第二十八条第二款申请延续使用批准书应当提交材料第一项“原使用批准书复印件”；

(4)删去第三十五条第二款申请延续核与辐射安全分析报告批准书应当提交材料第一项“原核与辐射安全分析报告批准书复印件”；

(5)删去第三十七条第一款一类放射性物品启运前托运人应当提交材料第二项“一类放射性物品运输的核与辐射安全分析报告批准书复印件”。

(十)放射性固体废物贮存和处置许可管理办法(2013年,环境保护部令第25号)

1. 删去第八条申请领取贮存许可证应当提交材料第二项“从事放射性固体废物贮存管理和操作人员的培训和考核证明,注册核安全工程师证书复印件”,第三项“放射性固体废物贮存设施环境影响评价批复文件复印件”；

2. 删去第十一条申请领取处置许可证应当提交材料第三项“放射性固体废物处置设施环境影响评价批复文件复印件和建造批准文件的复印件”；

3. 删去第十四条第二款申请延续许可证应当提交材料第四项“原许可证复印件”；

4. 删去第十五条第一款申请变更许可证应当提交材料第三项“原许可证复印件”。

此外,对相关规章中的条文序号作相应调整。

建设项目环境影响报告书(表)编制监督管理办法

(2019年9月20日生态环境部令第9号公布 自2019年11月1日起施行 国司备字[2019000774])

第一章 总 则

第一条 为规范建设项目环境影响报告书和环境影响报告表(以下简称环境影响报告书(表))编制行为,加强监督管理,保障环境影响评价工作质量,维护环境影响评价技术服务市场秩序,根据《中华人民共和国环境影响评价法》《建设项目环境保护管理条例》等有关法律法规,制定本办法。

第二条 建设单位可以委托技术单位对其建设项目开展环境影响评价,编制环境影响报告书(表);建设单位具备环境影响评价技术能力的,可以自行对其建设项目开展环境影响评价,编制环境影响报告书(表)。

技术单位不得与负责审批环境影响报告书(表)的生态环境主管部门或者其他有关审批部门存在任何利益关系。任何单位和个人不得为建设单位指定编制环境影响报告书(表)的技术单位。

本办法所称技术单位,是指具备环境影响评价技术能力、接受委托为建设单位编制环境影响报告书(表)的单位。

第三条 建设单位应当对环境影响报告书(表)的内容和结论负责;技术单位对其编制的环境影响报告书(表)承担相应责任。

第四条 编制单位应当加强环境影响评价技术能力建设,提高专业技术水平。环境影响报告书(表)编制能力建设指南由生态环境部另行制定。

鼓励建设单位优先选择信用良好和符合能力建设指南要求的技术单位为其编制环境影响报告书(表)。

本办法所称编制单位,是指主持编制环境影响报告书(表)的单位,包括主持编制环境影响报告书(表)的技术单位和自行主持编制环境影响报告书(表)的建设单位。

第五条 编制人员应当具备专业技术知识,不断提高业务能力。

本办法所称编制人员,是指环境影响报告书(表)的编制主持人和主要编制人员。编制主持人是环境影响报告书(表)的编制负责人。主要编制人员包括环境影响报告书各章节的编写人员和环境影响报告表主要内容的编写人员。

第六条 设区的市级以上生态环境主管部门(以下简称市级以上生态环境主管部门)应当加强对编制单位的监督管理和质量考核,开展环境影响报告书(表)编制行为监督检查和编制质量问题查处,并对编制单位和编制人员实施信用管理。

第七条 生态环境部负责建设全国统一的环境影响评价信用平台(以下简称信用平台),组织建立编制单位和编制人员诚信档案管理体系。信用平台纳入全国生态环境领域信用信息平台统一管理。

编制单位和编制人员的基础信息等相关信息应当通过信用平台公开。具体办法由生态环境部另行制定。

第二章 编制要求

第八条 编制单位和编制人员应当坚持公正、科学、诚信的原则,遵守有关环境影响评价法律法规、标准和技术规范等规定,确保环境影响报告书(表)内容真实、客观、全面和规范。

第九条 编制单位应当是能够依法独立承担法律责任的单位。

前款规定的单位中,下列单位不得作为技术单位编制环境影响报告书(表):

(一)生态环境主管部门或者其他负责审批环境影响报告书(表)的审批部门设立的事业单位;

(二)由生态环境主管部门作为业务主管单位或者挂靠单位的社会组织,或者由其他负责审批环境影响报告书(表)的审批部门作为业务主管单位或者挂靠单位的社会组织;

(三)由本款前两项中的事业单位、社会组织出资的单位及其再出资的单位;

(四)受生态环境主管部门或者其他负责审批环境影响报告书(表)的审批部门委托,开展环境影响报告书(表)技术评估的单位;

(五)本款第四项中的技术评估单位出资的单位及其再出资的单位;

(六)本款第四项中的技术评估单位的出资单位,或者由本款第四项中的技术评估单位出资人出资的其他单位,或者由本款第四项中的技术评估单位法定代表人出资的单位。

个体工商户、农村承包经营户以及本条第一款规定单位的内设机构、分支机构或者临时机构,不得主持编制环境影响报告书(表)。

第十条 编制单位应当具备环境影响评价技术能力。环境影响报告书(表)的编制主持人和主要编制人员应当为编制单位中的全职人员,环境影响报告书(表)的编制主持人还应当为取得环境影响评价工程师职业资格证书的人员。

第十一条 编制单位和编制人员应当通过信用平台提交本单位和本人的基本情况信息。

生态环境部在信用平台建立编制单位和编制人员的诚信档案,并生成编制人员信用编号,公开编制单位名称、统一社会信用代码等基础信息以及编制人员姓名、从业单位等基础信息。

编制单位和编制人员应当对提交信息的真实性、准确性和完整性负责。相关信息发生变化的,应当自发生变化之日起二十个工作日内在信用平台变更。

第十二条 环境影响报告书(表)应当由一个单位主持编制,并由该单位中的一名编制人员作为编制主持人。

建设单位委托技术单位编制环境影响报告书(表)的,应当与主持编制的技术单位签订委托合同,约定双方的权利、义务和费用。

第十三条 编制单位应当建立和实施覆盖环境影响评价全过程的质量控制制度,落实环境影响评价工作程序,并在现场踏勘、现状监测、数据资料收集、环境影响预测等环节以及环境影响报告书(表)编制审核阶段形成可追溯的质量管理机制。有其他单位参与编制或者协作的,编制单位应当对参与编制单位或者协作单位提供的技术报告、数据资料等进行审核。

编制主持人应当全过程组织参与环境影响报告书(表)编制工作,并加强统筹协调。

委托技术单位编制环境影响报告书(表)的建设单位,应当如实提供相关基础资料,落实环境保护投入和资金来源,加强环境影响评价过程管理,并对环境影响报告书(表)的内容和结论进行审核。

第十四条 除涉及国家秘密的建设项目外,编制单位和编制人员应当在建设单位报批环境影响报告书(表)前,通过信用平台提交编制完成的环境影响报告书(表)基本情况信息,并对提交信息的真实性、准确性和完整性负责。信用平台生成项目编号,并公开环境影响报告书(表)相关建设项目名称、类别以及建设单位、编制单位和编制人员等基础信息。

报批的环境影响报告书(表)应当附具编制单位和编制人员情况表(格式附后)。建设单位、编制单位和相关人员应当在情况表相应位置盖章或者签字。除涉及国家秘密的建设项目外,编制单位和编制人员情况表应当由信用平台导出。

第十五条 建设单位应当将环境影响报告书(表)及其审批文件存档。

编制单位应当建立环境影响报告书(表)编制工作完整档案。档案中应当包括项目基础资料、现场踏勘记录和影像资料、质量控制记录、环境影响报告书(表)以及其他相关资料。开展环境质量现状监测和调查、环境影响预测或者科学试验的,还应当将相关监测报告和数据资料、预测过程文件或者试验报告等一并存档。

建设单位委托技术单位主持编制环境影响报告书(表)的,建设单位和受委托的技术单位应当分别将委托合同存档。

存档材料应当为原件。

第三章 监督检查

第十六条 环境影响报告书(表)编制行为监督检查包括编制规范性检查、编制质量检查以及编制单位和编制人员情况检查。

第十七条 环境影响报告书(表)编制规范性检查包括下列内容:

(一)编制单位和编制人员是否符合本办法第九条和第十条的规定,以及是否列入本办法规定的限期整改名单或者本办法规定的环境影响评价失信“黑名单”(以下简称“黑名单”);

(二)编制单位和编制人员是否按照本办法第十一条和第十四条第一款的规定在信用平台提交相关信息;

(三)环境影响报告书(表)是否符合本办法第十二条第一款和第十四条第二款的规定。

第十八条 环境影响报告书(表)编制质量检查的内容包括环境影响报告书(表)是否符合有关环境影响评价法律法规、标准和技术规范等规定,以及环境影响报告书(表)的基础资料是否明显不实,内容是否存在重大缺陷、遗漏或者虚假,环境影响评价结论是否正确、合理。

第十九条 编制单位和编制人员情况检查包括下列内容:

(一)编制单位和编制人员在信用平台提交的相关情况信息是否真实、准确、完整;

(二)编制单位建立和实施环境影响评价质量控制制度情况;

(三)编制单位环境影响报告书(表)相关档案管理情况;

(四)其他应当检查的内容。

第二十条 各级生态环境主管部门在环境影响报告书(表)受理过程中,应当对报批的环境影响报告书(表)进行编制规范性检查。

受理环境影响报告书(表)的生态环境主管部门发现环境影响报告书(表)不符合本办法第十二条第一款、第十四条第二款的规定,或者由不符合本办法第九条、第十条规定的编制单位、编制人员编制,或者编制单位、编制人员未按照本办法第十一条、第十四条第一款规定在信用平台提交相关信息的,应当在五个工作日内一次性告知建设单位需补正的全部内容;发现环境影响报告书(表)由列入本办法规定的限期整改名单或者本办法规定的"黑名单"的编制单位、编制人员编制的,不予受理。

第二十一条 各级生态环境主管部门在环境影响报告书(表)审批过程中,应当对报批的环境影响报告书(表)进行编制质量检查;发现环境影响报告书(表)基础资料明显不实,内容存在重大缺陷、遗漏或者虚假,或者环境影响评价结论不正确、不合理的,不予批准。

第二十二条 生态环境部定期或者根据实际工作需要不定期抽取一定比例地方生态环境主管部门或者其他有关审批部门审批的环境影响报告书(表)开展复核,对抽取的环境影响报告书(表)进行编制规范性检查和编制质量检查。

省级生态环境主管部门可以对本行政区域内下级生态环境主管部门或者其他有关审批部门审批的环境影响报告书(表)开展复核。

鼓励利用大数据手段开展复核工作。

第二十三条 生态环境部定期或者根据实际工作需要不定期通过抽查的方式，开展编制单位和编制人员情况检查。省级和市级生态环境主管部门可以对住所在本行政区域内或者在本行政区域内开展环境影响评价的编制单位及其编制人员相关情况进行抽查。

第二十四条 单位或者个人向生态环境主管部门举报环境影响报告书（表）编制规范性问题、编制质量问题，或者编制单位和编制人员违反本办法规定的，生态环境主管部门应当及时组织开展调查核实。

第二十五条 生态环境主管部门进行监督检查时，被监督检查的单位和人员应当如实说明情况，提供相关材料。

第二十六条 在监督检查过程中发现环境影响报告书（表）不符合有关环境影响评价法律法规、标准和技术规范等规定、存在下列质量问题之一的，由市级以上生态环境主管部门对建设单位、技术单位和编制人员给予通报批评：

（一）评价因子中遗漏建设项目相关行业污染源源强核算或者污染物排放标准规定的相关污染物的；

（二）降低环境影响评价工作等级，降低环境影响评价标准，或者缩小环境影响评价范围的；

（三）建设项目概况描述不全或者错误的；

（四）环境影响因素分析不全或者错误的；

（五）污染源源强核算内容不全，核算方法或者结果错误的；

（六）环境质量现状数据来源、监测因子、监测频次或者布点等不符合相关规定，或者所引用数据无效的；

（七）遗漏环境保护目标，或者环境保护目标与建设项目位置关系描述不明确或者错误的；

（八）环境影响评价范围内的相关环境要素现状调查与评价、区域污染源调查内容不全或者结果错误的；

（九）环境影响预测与评价方法或者结果错误，或者相关环境要素、环境风险预测与评价内容不全的；

（十）未按相关规定提出环境保护措施，所提环境保护措施或者其可行性论证不符合相关规定的。

有前款规定的情形，致使环境影响评价结论不正确、不合理或者同时有本办法第二十七条规定情形的，依照本办法第二十七条的规定予以处罚。

第二十七条 在监督检查过程中发现环境影响报告书（表）存在下列严重质量问题之一的，由市级以上生态环境主管部门依照《中华人民共和国环境影响评价法》第三十二条的规定，对建设单位及其相关人员、技术单位、编制人员予以处罚：

（一）建设项目概况中的建设地点、主体工程及其生产工艺，或者改扩建和技术改造项目的现有工程基本情况、污染物排放及达标情况等描述不全或者错误的；

（二）遗漏自然保护区、饮用水水源保护区或者以居住、医疗卫生、文化教育为主要功能的区域等环境保护目标的；

（三）未开展环境影响评价范围内的相关环境要素现状调查与评价，或者编造相关内容、结果的；

（四）未开展相关环境要素或者环境风险预测与评价，或者编造相关内容、结果的；

（五）所提环境保护措施无法确保污染物排放达到国家和地方排放标准或者有效预防和控制生态破坏，未针对建设项目可能产生的或者原有环境污染和生态破坏提出有效防治措施的；

（六）建设项目所在区域环境质量未达到国家或者地方环境质量标准，所提环境保护措施不能满足区域环境质量改善目标管理相关要求的；

（七）建设项目类型及其选址、布局、规模等不符合环境保护法律法规和相关法定规划，但给出环境影响可行结论的；

（八）其他基础资料明显不实，内容有重大缺陷、遗漏、虚假，或者环境影响评价结论不正确、不合理的。

第二十八条 生态环境主管部门在作出通报批评和处罚决定前，应当向建设单位、技术单位和相关人员告知查明的事实和作出决定的理由及依据，并告知其享有的权利。相关单位和人员可在规定时间内作出书面陈述和申辩。

生态环境主管部门应当对相关单位和人员在陈述和申辩中提出的事实、理由或者证据进行核实。

第二十九条 生态环境主管部门应当将作出的通报批评和处罚决定向社会公开。处理和处罚决定应当包括相关单位及其人员基础信息、事实、理由及依据、处理处罚结果等内容。

第三十条 在监督检查过程中发现经批准的环境影响报告书(表)有下列情形之一的，实施监督检查的生态环境主管部门应当重新对其进行编制质量检查：

(一)不符合本办法第十二条第一款、第十四条第二款规定的；

(二)编制单位和编制人员未按照本办法第十一条、第十四条第一款规定在信用平台提交相关信息的；

(三)由不符合本办法第十条规定的编制人员编制的。

在监督检查过程中发现经批准的环境影响报告书(表)存在本办法第二十六条第二款、第二十七条所列问题的，或者由不符合本办法第九条规定以及由受理时已列入本办法规定的限期整改名单或者本办法规定的"黑名单"的编制单位或者编制人员编制的，生态环境主管部门或者其他负责审批环境影响报告书(表)的审批部门应当依法撤销相应批准文件。

在监督检查过程中发现经批准的环境影响报告书(表)存在本办法第二十六条、第二十七条所列问题的，原审批部门应当督促建设单位采取措施避免建设项目产生不良环境影响。

在监督检查过程中发现经批准的环境影响报告书(表)有本条前三款涉及情形之一的，实施监督检查的生态环境主管部门应当对原审批部门及有关情况予以通报。其中，经批准的环境影响报告书(表)存在本办法第二十六条、第二十七条所列问题的,实施监督检查的生态环境主管部门还应当一并对开展环境影响报告书(表)技术评估的单位予以通报。

第四章　信用管理

第三十一条　市级以上生态环境主管部门应当将编制单位和编制人员作为环境影响评价信用管理对象(以下简称信用管理对象)纳入信用管理;在环境影响报告书(表)编制行为监督检查过程中,发现信用管理对象存在失信行为的,应当实施失信记分。

生态环境部另行制定信用管理对象失信行为记分办法,对信用管理对象失信行为的记分规则、记分周期、警示分数和限制分数等作出规定。

第三十二条　信用管理对象的失信行为包括下列情形:

(一)编制单位不符合本办法第九条规定或者编制人员不符合本办法第十条规定的;

(二)未按照本办法及生态环境部相关规定在信用平台提交相关情况信息或者及时变更相关情况信息,或者提交的相关情况信息不真实、不准确、不完整的;

(三)违反本办法规定,由两家以上单位主持编制环境影响报告书(表)或者由两名以上编制人员作为环境影响报告书(表)编制主持人的;

(四)技术单位未按照本办法规定与建设单位签订主持编制环境影响报告书(表)委托合同的;

(五)未按照本办法规定进行环境影响评价质量控制的;

(六)未按照本办法规定在环境影响报告书(表)中附具编制单位和编制人员情况表并盖章或者签字的;

(七)未按照本办法规定将相关资料存档的;

(八)未按照本办法规定接受生态环境主管部门监督检查或者

在接受监督检查时弄虚作假的；

（九）因环境影响报告书（表）存在本办法第二十六条第一款所列问题受到通报批评的；

（十）因环境影响报告书（表）存在本办法第二十六条第二款、第二十七条所列问题受到处罚的。

第三十三条 实施失信记分应当履行告知、决定和记录等程序。

市级以上生态环境主管部门在监督检查过程中发现信用管理对象存在失信行为的，应当向其告知查明的事实、记分情况以及相关依据。信用管理对象可以在规定时间内作出书面陈述和申辩。

市级以上生态环境主管部门应当对信用管理对象在陈述和申辩中提出的事实、理由或者证据进行核实。

市级以上生态环境主管部门应当对经核实无误的失信行为记分作出书面决定，并向社会公开。失信行为记分决定应当包括信用管理对象基础信息、失信行为事实、失信记分及依据、涉及的建设项目和建设单位名称等内容。

市级以上生态环境主管部门应当在作出失信行为记分决定后五个工作日内，将书面决定及有关情况上传至信用平台并记入信用管理对象诚信档案。

因环境影响报告书（表）存在本办法第二十六条、第二十七条所列问题，生态环境主管部门对信用管理对象作出处理处罚决定的，实施失信记分的告知、决定程序应当与处理处罚相关程序同步进行，并可合并作出处理处罚决定和失信行为记分决定。

同一失信行为已由其他生态环境主管部门实施失信记分的，不得重复记分。

第三十四条 失信行为和失信记分相关情况在信用平台的公开期限为五年。禁止从事环境影响报告书（表）编制工作的技术单位和终身禁止从事环境影响报告书（表）编制工作的编制人员，其失信行为和失信记分永久公开。

失信行为和失信记分公开的起始时间为生态环境主管部门作出失信记分决定的时间。

第三十五条 信用平台对信用管理对象在一个记分周期内各级生态环境主管部门实施的失信记分予以动态累计，并将记分周期内累计失信记分情况作为对其实行守信激励和失信惩戒的依据。

第三十六条 信用管理对象连续两个记分周期的每个记分周期内编制过十项以上经批准的环境影响报告书（表）且无失信记分的，信用平台在后续两个记分周期内将其列入守信名单，并将相关情况记入其诚信档案。生态环境主管部门应当减少对列入守信名单的信用管理对象编制的环境影响报告书（表）复核抽取比例和抽取频次。

信用管理对象在列入守信名单期间有失信记分的，信用平台将其从守信名单中移出，并将移出情况记入其诚信档案。

第三十七条 信用管理对象在一个记分周期内累计失信记分达到警示分数的，信用平台在后续两个记分周期内将其列入重点监督检查名单，并将相关情况记入其诚信档案。生态环境主管部门应当提高对列入重点监督检查名单的信用管理对象编制的环境影响报告书（表）复核抽取比例和抽取频次。

第三十八条 信用管理对象在一个记分周期内的失信记分实时累计达到限制分数的，信用平台将其列入限期整改名单，并将相关情况记入其诚信档案。限期整改期限为六个月，自达到限制分数之日起计算。

信用管理对象在限期整改期间的失信记分再次累计达到限制分数的，应当自再次达到限制分数之日起限期整改六个月。

第三十九条 信用管理对象因环境影响报告书（表）存在本办法第二十六条第二款、第二十七条所列问题，受到禁止从事环境影响报告书（表）编制工作处罚的，失信记分直接记为限制分数。信用平台将其列入“黑名单”,并将相关情况记入其诚信档案。列入“黑名单”的期限与处罚决定中禁止从事环境影响报告书(表)编制工作的期限一致。

对信用管理对象中列入“黑名单”单位的出资人,由列入“黑名单”单位或者其法定代表人出资的单位,以及由列入“黑名单”单位出资人出资的其他单位,信用平台将其列入重点监督检查名单,并将相关情况记入其诚信档案。列入重点监督检查名单的期限为二年,自列入“黑名单”单位达到限制分数之日起计算。生态环境主管部门应当提高对上述信用管理对象编制的环境影响报告书(表)的复核抽取比例和抽取频次。

第四十条 信用管理对象列入本办法规定的守信名单、重点监督检查名单、限期整改名单和“黑名单”的相关情况在信用平台的公开期限为五年。

生态环境部每半年对列入本办法规定的限期整改名单和本办法规定的“黑名单”的信用管理对象以及相关情况予以通报,并向社会公开。

第四十一条 因环境影响报告书(表)存在本办法第二十六条第二款、第二十七条所列问题,信用管理对象受到处罚的,作出处罚决定的生态环境主管部门应当及时将其相关违法信息推送至国家企业信用信息公示系统和全国信用信息共享平台。

第四十二条 上级生态环境主管部门发现下级生态环境主管部门未按照本办法规定对发现的失信行为实施失信记分的,应当责令其限期改正。

第五章 附 则

第四十三条 鼓励环境影响评价行业组织加强行业自律,开展技术单位和编制人员水平评价。

第四十四条 本办法所称全职,是指与编制单位订立劳动合同(非全日制用工合同除外)并由该单位缴纳社会保险或者在事业单位类型的编制单位中在编等用工形式。

本办法所称从业单位,是指编制人员全职工作的编制单位。

第四十五条 负责审批环境影响报告书(表)的其他有关审批部门可以参照本办法对环境影响报告书(表)编制实施监督管理。

第四十六条 本办法由生态环境部负责解释。

第四十七条 本办法自2019年11月1日起施行。《建设项目环境影响评价资质管理办法》(环境保护部令第36号)同时废止。

编制单位和编制人员情况表

<table>
<tr><td colspan="2">项目编号</td><td colspan="2"></td></tr>
<tr><td colspan="2">建设项目名称</td><td colspan="2"></td></tr>
<tr><td colspan="2">建设项目类别</td><td colspan="2"></td></tr>
<tr><td colspan="2">环境影响评价文件类型</td><td colspan="2"></td></tr>
<tr><td colspan="4">一、建设单位情况</td></tr>
<tr><td colspan="2">单位名称(盖章)</td><td colspan="2"></td></tr>
<tr><td colspan="2">统一社会信用代码</td><td colspan="2"></td></tr>
<tr><td colspan="2">法定代表人(签章)</td><td colspan="2"></td></tr>
<tr><td colspan="2">主要负责人(签字)</td><td colspan="2"></td></tr>
<tr><td colspan="2">直接负责的主管人员(签字)</td><td colspan="2"></td></tr>
<tr><td colspan="4">二、编制单位情况</td></tr>
<tr><td colspan="2">单位名称(盖章)</td><td colspan="2"></td></tr>
<tr><td colspan="2">统一社会信用代码</td><td colspan="2"></td></tr>
<tr><td colspan="4">三、编制人员情况</td></tr>
<tr><td colspan="2">1. 编制主持人</td><td colspan="2"></td></tr>
<tr><td>姓名</td><td>职业资格证书管理号</td><td>信用编号</td><td>签字</td></tr>
<tr><td></td><td></td><td></td><td></td></tr>
<tr><td colspan="4">2. 主要编制人员</td></tr>
<tr><td>姓名</td><td>主要编写内容</td><td>信用编号</td><td>签字</td></tr>
<tr><td></td><td></td><td></td><td></td></tr>
<tr><td></td><td></td><td></td><td></td></tr>
<tr><td></td><td></td><td></td><td></td></tr>
<tr><td></td><td></td><td></td><td></td></tr>
</table>

应急管理部关于废止《安全生产行业标准管理规定》等四部规章的决定

（2019 年 9 月 27 日应急管理部令第 3 号公布　自公布之日起施行　国司备字［2019000775］）

为维护安全生产法制统一，推进依法治安，应急管理部对部分规章进行了清理。经过清理，现决定：

一、废止《安全生产行业标准管理规定》（国家安全生产监督管理局〈国家煤矿安全监察局〉令第 14 号）。

二、废止《安全生产标准制修订工作细则》（国家安全生产监督管理总局令第 9 号）。

三、废止《防治煤与瓦斯突出规定》（国家安全生产监督管理总局令第 19 号）。

四、废止《煤矿防治水规定》（国家安全生产监督管理总局令第 28 号）。

本决定自公布之日起施行。

司法解释

最高人民法院关于为河北雄安新区规划建设提供司法服务和保障的意见

（2019 年 9 月 26 日　法发〔2019〕22 号）

为深入贯彻习近平新时代中国特色社会主义思想和党的十九大精神，认真落实以习近平同志为核心的党中央关于设立河北雄安新区、深入推进京津冀协同发展的重大决策部署，充分发挥人民法院职能作用，服务和保障河北雄安新区全面深化改革和扩大开放，制定如下意见。

一、切实提高政治站位，增强为雄安新区规划建设提供司法服务和保障的责任感、使命感

1. 深刻认识雄安新区规划建设的重大意义，明确服务和保障雄安新区规划建设是新时代人民法院的光荣使命和神圣职责。设立雄安新区是以习近平同志为核心的党中央作出的一项重大历史性战略选择，是千年大计、国家大事，对推进京津冀协同发展、建设以首都为核心的世界级城市群具有重大而深远的意义。各级人民法院要深入学习贯彻习近平新时代中国特色社会主义思想，增强“四个意识”、坚定“四个自信”、做到“两个维护”，认真贯彻落实新发展理念，切实增强工作的自觉性和主动性，依法公正高效审理相关案件，深入推进司法体制改革，全面深化智慧法院建设，为把雄安新区建设成为高水平的社会主义现代化城市和新时代高质量发展的全国样板提供有力司法服务和保障。

2. 准确把握雄安新区规划建设的发展目标，找准提供司法服务和保障的切入点、着力点。当前，雄安新区已从编制规划为主转向实质性建设阶段，各级人民法院要深入把握这一工作实际，为全面推进雄安新区规划建设提供更加科学精准有力的司法服务和保障。要牢牢把握积极稳妥有序疏解北京非首都功能的要求，加强与党政机关沟通协调，坚持法治思维，坚持问题导向，聚焦创新发展、城市建设、公共服务等重点领域和关键环节存在的司法问题，加强调查研究，制定司法政策，创新工作机制，充分满足雄安新区创新发展的司法需求，全方位提升司法服务和保障雄安新区规划建设的能力和水平。

二、充分发挥职能作用，为雄安新区规划建设提供有力司法服务和保障

3. 加强刑事审判，为雄安新区建设提供安全稳定的社会环境。依法严惩影响雄安新区规划建设的各类刑事犯罪，严惩干扰北京非首都功能疏解、重点工程项目建设等犯罪案件，积极服务雄安新区产业优化布局。依法严惩非法吸收公众存款、集资诈骗、金融诈骗等涉众型经济犯罪，维护市场秩序和社会秩序。加大对各类危害安全生产犯罪的惩治力度，推动安全生产责任制的落实，确保人民生命财产安全。加强对污染环境、盗伐林木、非法采矿等涉环境资源刑事案件的审判，强化环境资源司法保护。依法严惩征收拆迁、企业转制过程中侵吞、挪用、骗取国家或集体财产的犯罪。依法严惩黑恶势力犯罪，重点打击征地拆迁、工程建设等领域的涉黑涉恶犯罪，严惩相关职务犯罪，坚决打掉黑恶势力保护伞，切实维护雄安新区社会稳定和人民安宁。

4. 加强民商事审判，服务和保障经济高质量发展。妥善审理涉及非首都功能疏解的合同纠纷、物权纠纷、公司纠纷、担保纠纷、破产纠纷、劳动争议等案件，积极服务京津冀协同发展。加强产权司法保护，严格规范涉案财产处置，依法慎用强制措施，为营造产权有效激励、要素自由流动、竞争公平有序、企业优胜劣汰的发展环境提供有力司法服务和保障。依法妥善审理涉信贷、投资、招投标领域的隐性壁垒案件，平等保护民营企业合法权益，为雄安新区中小微企业发展营造良好法治环境。坚持围绕有效实现北京非首都功能疏解人口转移的目标，加强涉教育、医疗、文化、社会保障和就业创业等民生领域案件审理，积极服务保障和改善民生。加强房地产相关领域案件审判，服务构建新型住房供给体系，积极运用司法手段支持有关部门严控周边房价、防范炒地炒房投机行为，为完善土地出让、租赁、租让结合、混合空间出让、作价出资入股等多元化土地利用和供应模式提供司法支持。

5. 加强行政审判，支持和监督行政机关依法行政。依法服务和保障雄安新区行政机关创新管理模式，深入推进"放管服"改革，支持雄安新区行政机关依法履职。加强土地开发利用、城市规划设计、基础设施建设、城市管理等领域行政案件审判，强化司法审判对规划利用国土空间资源的服务保障作用。妥善审理征迁安置相关行政案件，健全完善程序规范、补偿合理、保障多元的土地征收工作机制。对行政机关向雄安新区下放工程建设、市场准入、社会管理等方面的审批和行政许可事项引发的行政诉讼，加强审判监督指导，有效推动行政管理体制机制创新。建立行政非诉执行案件绿色通道，依法及时审查非诉执行申请，确保重大建设工程项目及时推进。

6. 加强知识产权审判，服务创新驱动发展。加强对雄安新区法院知识产权案件审判的指导，支持雄安新区构建公正高效的知识产权司法保护机制。指导推进知识产权民事、行政和刑事审判"三合一"工作深入开展，推动雄安新区知识产权审判体系实现专门化、现代化和科学化。支持雄安新区知识产权保护中心建设，扩大雄安新区在知识产权保护方面对周边地区的辐射带动作用，推动雄安新区知识产权司法保护水平不断提升。支持雄安新区知识产权审判人才培养，推动建立雄安新区与各地法院之间的人才委托培养和锻炼交流机制，着力培养一支顾全大局、精通法律、了解技术并具有国际视野的知识产权法官队伍，更好服务雄安新区创新驱动发展。

7. 加强金融审判，有效防范化解重大金融风险。依法妥善审理涉及雄安新区建设融资、地方政府债券发行、民间借贷等金融案件，妥善审理雄安新区企业发行上市、并购重组、股权转让、债券发行、资产证券化过程中产生的矛盾纠纷案件。加强对涉及金融资产交易平台、股权众筹融资等创新业务案件的司法研究。支持雄安新区管委会、仲裁机构、商事和行业调解组织创新发展，加强矛盾纠纷源头治理，完善诉调对接，注重从源头上防范和化解金融领域重大风险。加强金融审判专业化建设，建立专门的金融审判庭。

8. 加强涉农审判，推动乡村振兴战略在雄安新区实施。积极贯彻土地管理制度改革政策和新修改的土地管理法，推动雄安新区土地制度改革，增强土地管理灵活性，服务改革政策落实落地。依法妥善审理农村集体产权制度改革中涉及的农民转让土地承包权、宅基地资格权、以集体资产股权入股企业或经济组织纠纷案件。加大对损害农民合法利益违法犯罪案件惩治力度，维护被征地农民合法权益。发挥人民法庭在雄安新区社会治理中的作用，促进完善自治、法治、德治相结合的基层社会治理体系。

9. 加强环境资源审判，推动建设绿色发展城市典范。推动环境资源司法体制机制创新，建立雄安新区及周边区域、白洋淀流域环境资源案件集中管辖制度。依法妥善审理自然资源权属争议纠纷，为推动建立健全权责明确的自然资源资产产权体系、实施自然资源统一确权登记提供司法服务和保障。完善市场化生态环境司法保护机制，深入研究用能权、用水权、排污权、碳排放交易权的法律属性及交易规则，为构建市场导向的绿色技术创新体系，建立符合雄安新区功能定位和发展实际的资源环境价格机制、多样化生态补偿制度和淀区生态搬迁补偿机制提供司法支持。

10. 加强涉外商事审判，构筑开放发展新高地。完善涉外贸易司法规则，支持引入国际国内各类资本参与雄安新区建设，充分保护投资者合法权益。加强对发展贸易新业态新模式、开展服务贸易创新发展试点、设立跨境电商综合试验区相关案件的审判。完善涉互联网金融案件审理，服务建设面向全球的数字化贸易平台。加强涉外金融案件审理，支持在雄安新区设立外商独资或中外合资金融机构，建立与国际投资贸易通行规则相衔接的司法规则体系，构建公平竞争制度。支持在雄安新区设立国际性仲裁、认证、鉴定权威机构，探索建立商事纠纷多元解决机制。

11. 加强执行工作，推动构建执行协作联动机制。推动建立党委领导、政法委协调、人大监督、政府支持、法院主办、部门联动、社会参与的综合治理执行难工作大格局，构建雄安新区执行工作部门协作联动机制。加大对涉重点工程、重点项目案件的执行力度，优先立案、优先执行，保障胜诉当事人及时实现权益。支持完善雄安新区社会信用体系和商务诚信体系，探索建立覆盖所有机构和个人的诚信账户，实行信用风险分类监管，建立完善覆盖范围广泛的守信联合激励和失信联合惩戒机制，实现对被执行人名单信息的自动对比、自动监督、自动惩戒，推动完善一处失信、处处受限的信用监督、警示和惩戒体系。

三、坚持改革创新，建立健全与京津冀协同发展相适应的司法工作体制机制

12. 深化司法体制综合配套改革，加强雄安法院建设。最高人民法院加强对雄安新区法院司法体制改革的指导，坚持顶层设计与地方探索相结合原则，积极探索推动司法领域新机制新措施和具有前瞻性的司法创新试点示范项目在雄安新区先行先试。支持新区法院结合雄安新区规划建设需求，积极探索与行政体制改革相适应的司法体制改革。支持新区法院按照优化协同高效原则，统筹推进内设机构改革和审判执行组织建设，调整优化新区法院政法专项编制布局结构，建立常态化和机动性相结合的法官遴选机制。探索适合雄安新区两级法院发展需求的择优招录制度，对新区法院的法官遴选和法官等级确认、晋升给予适当的政策倾斜。支持雄安新区法院全面建设一站式多元解纷机制、一站式诉讼服务中心，构建集约高效、多元解纷、便民利民、智慧精准、开放互动、交融共享的现代化诉讼服务体系，推动纠纷解决和诉讼服务理念革新、机制变革，切实提高人民法院化解矛盾纠纷和服务人民群众的能力水平。

13. 全面深化智慧法院建设，提升司法服务保障的信息化水平。支持雄安新区法院积极适应雄安新区规划建设和人民群众司法需求，在全面深化智慧法院建设上主动作为、先行一步，适度超前布局智能基础设施，加快提升信息基础设施配置水平、法院专网性能和网络安全防御能力，推动大数据、人工智能、5G 等科技创新成果同司法工作深度融合，促进审判体系和审判能力现代化，使司法服务保障能力与雄安新区创建数字智能之城要求相匹配。支持雄安新区法院充分利用新区信息化应用的先发优势，提升电子诉讼的覆盖范围、适用比例和应用水平，加强执行信息化建设和应用。建立健全电子卷宗随案同步生成和深度应用机制，全面推进审判智能化应用。提高诉讼服务信息查询、信访接待处置、立案快速处理、在线调解等工作的信息化应用水平，促进增强人民群众的获得感。

14. 推进法律统一适用机制建设，建立完善案件裁判标准统一机制。完善案件沟通机制，加强京津冀区域内共性、前沿性法律问题和类型化案件裁判规则的研究总结提炼，对具有普适性、已达成共识的问题，及时通报区域内各级法院。探索建立覆盖刑事、民事等各业务领域的类型化案件审判指引，建立业务研讨交流长效机制，积极开展专题业务研讨和课题调研，促进法律适用的统一。

15. 深化区域司法交流合作，强化京津冀法院全方位协调配合。健全京津冀法院联席会议机制，加强统筹协调和督促检查，强化对新区发展重大司法事项、司法需求、司法政策和重大疑难法律适用问题的研判和支持，推动立审执各环节平台共建、信息互通、资源共享、业务协同，实现诉讼事项跨区域远程办理、跨层级联动办理，切实解决好异地诉讼难等问题。京津冀法院要按照职责分工，形成工作合力，推出与雄安新区发展相配套相适应的司法政策措施，更好发挥人民法院职能作用，服务和保障雄安新区规划建设。

16. 加强对雄安新区法院建设和发展的支持。加强对雄安新区法院审判业务指导和物质保障，建立健全新区法院与京津冀、长三角、珠三角等地法院在人才培养、智力支持和信息化建设等方面的合作机制。鼓励京津冀法院选派相关领域的业务专家到雄安新区法院挂职锻炼，实现人员资源互通互融，为新区法院更好履职提供保障。支持雄安新区法院构建更加开放的人才培养、引进和交流机制，积极探索改革人才培养和储备机制，着力培育具备国际视野、通晓国际规则、精通外语的高层次审判人才。支持雄安新区法院加强国际司法交流与合作，将雄安新区法院建设成为与雄安新区国际化定位相适应、具有国际影响力的一流法院。

各级人民法院要切实把思想和行动统一到党中央关于设立雄安新区、深入推进京津冀协同发展的重大决策部署上来，认真落实本意见要求，明确目标任务，狠抓工作落实，紧紧围绕“努力让人民群众在每一个司法案件中感受到公平正义”工作目标，坚持服务大局、司法为民、公正司法，忠实履行宪法和法律赋予的职责，努力营造稳定公平透明、可预期的法治化营商环境，为雄安新区规划建设提供更加有力的司法服务和保障。

最高人民法院　最高人民检察院关于办理非法利用信息网络、帮助信息网络犯罪活动等刑事案件适用法律若干问题的解释

（2019 年 6 月 3 日最高人民法院审判委员会第 1771 次会议、2019 年 9 月 4 日最高人民检察院第十三届检察委员会第二十三次会议通过　2019 年 10 月 21 日最高人民法院、最高人民检察院公告公布　自 2019 年 11 月 1 日起施行　法释〔2019〕15 号）

为依法惩治拒不履行信息网络安全管理义务、非法利用信息网络、帮助信息网络犯罪活动等犯罪，维护正常网络秩序，根据《中华人民共和国刑法》《中华人民共和国刑事诉讼法》的规定，现就办理此类刑事案件适用法律的若干问题解释如下：

第一条　提供下列服务的单位和个人，应当认定为刑法第二百八十六条之一第一款规定的“网络服务提供者”：

（一）网络接入、域名注册解析等信息网络接入、计算、存储、传输服务；

（二）信息发布、搜索引擎、即时通讯、网络支付、网络预约、网络购物、网络游戏、网络直播、网站建设、安全防护、广告推广、应用商店等信息网络应用服务；

（三）利用信息网络提供的电子政务、通信、能源、交通、水利、金融、教育、医疗等公共服务。

第二条　刑法第二百八十六条之一第一款规定的“监管部门责令采取改正措施”，是指网信、电信、公安等依照法律、行政法规的规定承担信息网络安全监管职责的部门，以责令整改通知书或者其他文书形式，责令网络服务提供者采取改正措施。

认定“经监管部门责令采取改正措施而拒不改正”，应当综合考虑监管部门责令改正是否具有法律、行政法规依据，改正措施及期限要求是否明确、合理，网络服务提供者是否具有按照要求采取改正措施的能力等因素进行判断。

第三条 拒不履行信息网络安全管理义务，具有下列情形之一的，应当认定为刑法第二百八十六条之一第一款第一项规定的“致使违法信息大量传播”：

（一）致使传播违法视频文件二百个以上的；

（二）致使传播违法视频文件以外的其他违法信息二千个以上的；

（三）致使传播违法信息，数量虽未达到第一项、第二项规定标准，但是按相应比例折算合计达到有关数量标准的；

（四）致使向二千个以上用户账号传播违法信息的；

（五）致使利用群组成员账号数累计三千以上的通讯群组或者关注人员账号数累计三万以上的社交网络传播违法信息的；

（六）致使违法信息实际被点击数达到五万以上的；

（七）其他致使违法信息大量传播的情形。

第四条 拒不履行信息网络安全管理义务，致使用户信息泄露，具有下列情形之一的，应当认定为刑法第二百八十六条之一第一款第二项规定的“造成严重后果”：

（一）致使泄露行踪轨迹信息、通信内容、征信信息、财产信息五百条以上的；

（二）致使泄露住宿信息、通信记录、健康生理信息、交易信息等其他可能影响人身、财产安全的用户信息五千条以上的；

（三）致使泄露第一项、第二项规定以外的用户信息五万条以上的；

（四）数量虽未达到第一项至第三项规定标准，但是按相应比例折算合计达到有关数量标准的；

（五）造成他人死亡、重伤、精神失常或者被绑架等严重后果的；

（六）造成重大经济损失的；

（七）严重扰乱社会秩序的；

（八）造成其他严重后果的。

第五条 拒不履行信息网络安全管理义务，致使影响定罪量刑的刑事案件证据灭失，具有下列情形之一的，应当认定为刑法第二百八十六条之一第一款第三项规定的“情节严重”：

（一）造成危害国家安全犯罪、恐怖活动犯罪、黑社会性质组织犯罪、贪污贿赂犯罪案件的证据灭失的；

（二）造成可能判处五年有期徒刑以上刑罚犯罪案件的证据灭失的；

（三）多次造成刑事案件证据灭失的；

（四）致使刑事诉讼程序受到严重影响的；

（五）其他情节严重的情形。

第六条 拒不履行信息网络安全管理义务，具有下列情形之一的，应当认定为刑法第二百八十六条之一第一款第四项规定的“有其他严重情节”：

（一）对绝大多数用户日志未留存或者未落实真实身份信息认证义务的；

（二）二年内经多次责令改正拒不改正的；

（三）致使信息网络服务被主要用于违法犯罪的；

（四）致使信息网络服务、网络设施被用于实施网络攻击，严重影响生产、生活的；

（五）致使信息网络服务被用于实施危害国家安全犯罪、恐怖活动犯罪、黑社会性质组织犯罪、贪污贿赂犯罪或者其他重大犯罪的；

（六）致使国家机关或者通信、能源、交通、水利、金融、教育、医疗等领域提供公共服务的信息网络受到破坏，严重影响生产、生活的；

（七）其他严重违反信息网络安全管理义务的情形。

第七条 刑法第二百八十七条之一规定的"违法犯罪",包括犯罪行为和属于刑法分则规定的行为类型但尚未构成犯罪的违法行为。

第八条 以实施违法犯罪活动为目的而设立或者设立后主要用于实施违法犯罪活动的网站、通讯群组,应当认定为刑法第二百八十七条之一第一款第一项规定的"用于实施诈骗、传授犯罪方法、制作或者销售违禁物品、管制物品等违法犯罪活动的网站、通讯群组"。

第九条 利用信息网络提供信息的链接、截屏、二维码、访问账号密码及其他指引访问服务的,应当认定为刑法第二百八十七条之一第一款第二项、第三项规定的"发布信息"。

第十条 非法利用信息网络,具有下列情形之一的,应当认定为刑法第二百八十七条之一第一款规定的"情节严重":

(一)假冒国家机关、金融机构名义,设立用于实施违法犯罪活动的网站的;

(二)设立用于实施违法犯罪活动的网站,数量达到三个以上或者注册账号数累计达到二千以上的;

(三)设立用于实施违法犯罪活动的通讯群组,数量达到五个以上或者群组成员账号数累计达到 千以上的;

(四)发布有关违法犯罪的信息或者为实施违法犯罪活动发布信息,具有下列情形之一的:

1. 在网站上发布有关信息一百条以上的;

2. 向二千个以上用户账号发送有关信息的;

3. 向群组成员数累计达到三千以上的通讯群组发送有关信息的;

4. 利用关注人员账号数累计达到三万以上的社交网络传播有关信息的;

(五)违法所得一万元以上的;

(六)二年内曾因非法利用信息网络、帮助信息网络犯罪活动、危害计算机信息系统安全受过行政处罚，又非法利用信息网络的；

（七）其他情节严重的情形。

第十一条 为他人实施犯罪提供技术支持或者帮助，具有下列情形之一的，可以认定行为人明知他人利用信息网络实施犯罪，但是有相反证据的除外：

（一）经监管部门告知后仍然实施有关行为的；

（二）接到举报后不履行法定管理职责的；

（三）交易价格或者方式明显异常的；

（四）提供专门用于违法犯罪的程序、工具或者其他技术支持、帮助的；

（五）频繁采用隐蔽上网、加密通信、销毁数据等措施或者使用虚假身份，逃避监管或者规避调查的；

（六）为他人逃避监管或者规避调查提供技术支持、帮助的；

（七）其他足以认定行为人明知的情形。

第十二条 明知他人利用信息网络实施犯罪，为其犯罪提供帮助，具有下列情形之一的，应当认定为刑法第二百八十七条之二第一款规定的“情节严重”：

（一）为三个以上对象提供帮助的；

（二）支付结算金额二十万元以上的；

（三）以投放广告等方式提供资金五万元以上的；

（四）违法所得一万元以上的；

（五）二年内曾因非法利用信息网络、帮助信息网络犯罪活动、危害计算机信息系统安全受过行政处罚，又帮助信息网络犯罪活动的；

（六）被帮助对象实施的犯罪造成严重后果的；

（七）其他情节严重的情形。

实施前款规定的行为，确因客观条件限制无法查证被帮助对象是否达到犯罪的程度，但相关数额总计达到前款第二项至第四项规定标准五倍以上，或者造成特别严重后果的，应当以帮助信息网络犯罪活动罪追究行为人的刑事责任。

第十三条 被帮助对象实施的犯罪行为可以确认,但尚未到案、尚未依法裁判或者因未达到刑事责任年龄等原因依法未予追究刑事责任的,不影响帮助信息网络犯罪活动罪的认定。

第十四条 单位实施本解释规定的犯罪的,依照本解释规定的相应自然人犯罪的定罪量刑标准,对直接负责的主管人员和其他直接责任人员定罪处罚,并对单位判处罚金。

第十五条 综合考虑社会危害程度、认罪悔罪态度等情节,认为犯罪情节轻微的,可以不起诉或者免予刑事处罚;情节显著轻微危害不大的,不以犯罪论处。

第十六条 多次拒不履行信息网络安全管理义务、非法利用信息网络、帮助信息网络犯罪活动构成犯罪,依法应当追诉的,或者二年内多次实施前述行为未经处理的,数量或者数额累计计算。

第十七条 对于实施本解释规定的犯罪被判处刑罚的,可以根据犯罪情况和预防再犯罪的需要,依法宣告职业禁止;被判处管制、宣告缓刑的,可以根据犯罪情况,依法宣告禁止令。

第十八条 对于实施本解释规定的犯罪的,应当综合考虑犯罪的危害程度、违法所得数额以及被告人的前科情况、认罪悔罪态度等,依法判处罚金。

第十九条 本解释自 2019 年 11 月 1 日起施行。

附：

2019年10月份报国务院备案并予以登记的地方性法规、自治条例、单行条例和地方政府规章目录

地方性法规

法规名称	公布日期	备案登记编号
内蒙古自治区人民代表大会常务委员会关于废止《内蒙古自治区农业环境保护条例》等5件地方性法规的决定	2019年3月28日	国司备字［2019000847］
黑龙江省各级人民代表大会常务委员会讨论决定重大事项的规定	2019年4月26日	国司备字［2019000788］
哈尔滨市人民代表大会常务委员会关于机构改革涉及地方性法规规定的行政机关职责调整问题的决定	2019年4月26日	国司备字［2019000786］
上海市人民代表大会常务委员会关于修改《上海市历史文化风貌区和优秀历史建筑保护条例》的决定	2019年9月26日	国司备字［2019000802］
上海市航道条例	2019年9月26日	国司备字［2019000827］
江苏省村民委员会选举办法	2019年9月27日	国司备字［2019000832］
南京市长江桥梁隧道条例	2019年10月10日	国司备字［2019000835］
南通市城市绿化管理条例	2019年10月8日	国司备字［2019000834］
泰州市文明行为条例	2019年10月10日	国司备字［2019000833］

续表

法规名称	公布日期	备案登记编号
浙江省反走私综合治理规定	2019年8月1日	国司备字［2019000796］
宁波市河道管理条例	2019年8月20日	国司备字［2019000751］
宁波市人民代表大会常务委员会关于修改《宁波市甬江奉化江余姚江河道管理条例》的决定	2019年8月20日	国司备字［2019000763］
宁波市人民代表大会常务委员会关于修改《宁波市防洪条例》的决定	2019年8月20日	国司备字［2019000764］
福建省流动人口服务管理条例	2019年9月26日	国司备字［2019000839］
福建省各级人民代表大会常务委员会讨论决定重大事项的规定	2019年9月26日	国司备字［2019000842］
福州市生活垃圾分类管理条例	2019年10月14日	国司备字［2019000836］
福州市烟花爆竹销售和燃放管理办法	2019年10月12日	国司备字［2019000837］
厦门市人民代表大会常务委员会关于修改《厦门市市政工程设施管理条例》和《厦门市节约能源条例》的决定	2019年10月2日	国司备字［2019000838］
漳州市饮用水水源保护办法	2019年10月10日	国司备字［2019000841］
泉州市晋江洛阳江流域水环境保护条例	2019年10月11日	国司备字［2019000840］
龙岩市中小学校幼儿园规划建设条例	2019年9月27日	国司备字［2019000843］
江西省司法鉴定条例	2019年9月28日	国司备字［2019000844］
九江市历史建筑保护条例	2019年8月15日	国司备字［2019000790］

续表

法规名称	公布日期	备案登记编号
景德镇市高岭－瑶里风景名胜区条例	2019 年 8 月 21 日	国司备字［2019000789］
河南省人民代表大会常务委员会关于河南省耕地占用税适用税额的决定	2019 年 7 月 26 日	国司备字［2019000811］
河南省促进科技成果转化条例	2019 年 9 月 27 日	国司备字［2019000851］
郑州市停车场建设管理条例	2019 年 8 月 27 日	国司备字［2019000816］
洛阳市人民代表大会常务委员会关于修改《洛阳市科学技术进步条例》的决定	2019 年 8 月 19 日	国司备字［2019000818］
南阳市文物保护条例	2019 年 9 月 9 日	国司备字［2019000765］
焦作市中小学校幼儿园规划建设条例	2019 年 7 月 5 日	国司备字［2019000752］
焦作市人民代表大会常务委员会关于修改《焦作市北山生态环境保护条例》的决定	2019 年 1 月 8 日	国司备字［2019000753］
焦作市大气污染防治条例	2019 年 8 月 29 日	国司备字［2019000817］
驻马店市山体保护条例	2019 年 7 月 9 日	国司备字［2019000812］
漯河市扬尘污染防治条例	2019 年 8 月 13 日	国司备字［2019000819］
濮阳市农村生活垃圾治理条例	2019 年 7 月 1 日	国司备字［2019000813］
濮阳市大气污染防治条例	2019 年 7 月 1 日	国司备字［2019000814］
三门峡市大气污染防治条例	2019 年 8 月 27 日	国司备字［2019000820］
新乡市大气污染防治条例	2019 年 7 月 1 日	国司备字［2019000815］

续表

法规名称	公布日期	备案登记编号
湖北省人民代表大会常务委员会关于加强检察公益诉讼工作的决定	2019 年 7 月 26 日	国司备字［2019000757］
湖北省司法鉴定条例	2019 年 7 月 26 日	国司备字［2019000792］
湖北省人民代表大会常务委员会关于修改《湖北省实施〈中华人民共和国会计法〉办法》的决定	2019 年 9 月 26 日	国司备字［2019000845］
湖北省清江流域水生态环境保护条例	2019 年 9 月 26 日	国司备字［2019000846］
咸宁市农村生活垃圾治理条例	2019 年 9 月 12 日	国司备字［2019000772］
湖南省实施《中华人民共和国种子法》办法	2019 年 9 月 28 日	国司备字［2019000848］
深圳市人民代表大会常务委员会关于修改《深圳经济特区股份合作公司条例》的决定	2019 年 9 月 4 日	国司备字［2019000759］
深圳市人民代表大会常务委员会关于修改《深圳经济特区道路交通安全违法行为处罚条例》的决定	2019 年 9 月 4 日	国司备字［2019000760］
深圳经济特区物业管理条例	2019 年 9 月 4 日	国司备字［2019000761］
深圳市人民代表大会常务委员会关于修改《深圳市制定法规条例》等十三项法规的决定	2019 年 8 月 22 日	国司备字［2019000776］
深圳市人民代表大会常务委员会任免国家机关工作人员条例	2019 年 8 月 28 日	国司备字［2019000785］
广西壮族自治区柑橘黄龙病防控规定	2019 年 9 月 27 日	国司备字［2019000850］
重庆市人民代表大会常务委员会关于修改《重庆市土地房屋权属登记条例》等五部地方性法规的决定	2019 年 9 月 26 日	国司备字［2019000793］

续表

法规名称	公布日期	备案登记编号
中国(重庆)自由贸易试验区条例	2019 年 9 月 26 日	国司备字［2019000794］
重庆市水利工程管理条例	2019 年 9 月 26 日	国司备字［2019000795］
重庆市湿地保护条例	2019 年 9 月 26 日	国司备字［2019000797］
四川省人民代表大会常务委员会关于废止《四川省商品交易市场管理条例》的决定	2019 年 7 月 25 日	国司备字［2019000821］
绵阳市人民代表大会常务委员会关于修改《绵阳市城市市容和环境卫生管理条例》的决定	2019 年 7 月 31 日	国司备字［2019000822］
宜宾市白酒历史文化保护条例	2019 年 8 月 21 日	国司备字［2019000824］
达州市市容和环境卫生管理条例	2019 年 8 月 6 日	国司备字［2019000823］
眉山市三苏遗址遗迹保护条例	2019 年 7 月 26 日	国司备字［2019000825］
广元市饮用水水源地保护条例	2019 年 4 月 1 日	国司备字［2019000791］
云南省星云湖保护条例	2019 年 9 月 28 日	国司备字［2019000852］
云南省气候资源保护和开发利用条例	2019 年 9 月 28 日	国司备字［2019000853］
红河哈尼族彝族自治州人民代表大会及其常务委员会立法条例	2019 年 4 月 20 日	国司备字［2019000756］
西藏自治区人民代表大会常务委员会关于耕地占用税适用税额的决定	2019 年 9 月 25 日	国司备字［2019000849］
甘肃省长城保护条例	2019 年 5 月 31 日	国司备字［2019000803］
甘肃省人民代表大会常务委员会关于废止《甘肃省预防职务犯罪工作条例》的决定	2019 年 5 月 31 日	国司备字［2019000804］

续表

法规名称	公布日期	备案登记编号
甘肃省人民代表大会常务委员会关于废止《甘肃省土地登记条例》等三件地方性法规的决定	2019 年 5 月 31 日	国司备字［2019000805］
甘肃省人民代表大会常务委员会关于修改《甘肃省实施〈中华人民共和国城市居民委员会组织法〉办法》《甘肃省实施〈中华人民共和国村民委员会组织法〉办法》《甘肃省村民委员会选举办法》的决定	2019 年 7 月 25 日	国司备字［2019000808］
兰州市燃气管理条例	2019 年 8 月 6 日	国司备字［2019000809］
白银市烟花爆竹燃放管理办法	2019 年 8 月 15 日	国司备字［2019000810］
定西市河道生态环境保护条例	2019 年 5 月 20 日	国司备字［2019000806］
嘉峪关市市容和环境卫生管理条例	2019 年 4 月 18 日	国司备字［2019000780］
甘肃省甘南藏族自治州洮河流域生态环境保护条例	2019 年 6 月 27 日	国司备字［2019000807］
宁夏回族自治区生活饮用水卫生监督管理条例	2019 年 9 月 27 日	国司备字［2019000828］
宁夏回族自治区人民代表大会常务委员会关于废止《宁夏回族自治区盐业管理条例》的决定	2019 年 9 月 27 日	国司备字［2019000829］
宁夏回族自治区人民代表大会常务委员会关于修改《宁夏回族自治区农业机械化促进条例》等 5 件地方性法规的决定	2019 年 9 月 27 日	国司备字［2019000830］
宁夏回族自治区人民代表大会代表建议、批评和意见办理工作条例	2019 年 9 月 27 日	国司备字［2019000831］

单行条例

条例名称	公布日期	备案登记编号
马边彝族自治县彝族语言文字条例(修订)	2019 年 8 月 15 日	国司备字［2019000826］
云南省寻甸回族彝族自治县民族团结进步条例	2019 年 9 月 2 日	国司备字［2019000855］
云南省维西傈僳族自治县城市管理条例	2019 年 9 月 24 日	国司备字［2019000854］

地方政府规章

规章名称	公布日期	备案登记编号
内蒙古自治区铁路安全管理规定	2019 年 9 月 3 日	国司备字［2019000766］
鞍山市行政许可委托实施办法	2019 年 9 月 10 日	国司备字［2019000769］
上海市社会保障卡管理办法	2019 年 9 月 17 日	国司备字［2019000770］
上海市人民政府关于修改《上海市建设工程文明施工管理规定》的决定	2019 年 9 月 18 日	国司备字［2019000773］
无锡市市区住宅专项维修资金管理办法	2019 年 9 月 11 日	国司备字［2019000755］
无锡市人民政府关于修改和废止部分政府规章规范性文件的决定	2019 年 9 月 12 日	国司备字［2019000762］
淮安市人民政府关于修改《淮安市城镇排水管理办法》和《淮安市港口岸线管理办法》的决定	2019 年 10 月 10 日	国司备字［2019000787］
宁波市人民政府关于修改《宁波市最低生活保障办法》的决定	2019 年 10 月 15 日	国司备字［2019000798］

续表

规章名称	公布日期	备案登记编号
宁波市人民政府关于废止《宁波市城镇企业职工生育保险暂行办法》的决定	2019年10月15日	国司备字［2019000799］
合肥市人民政府关于修改《合肥市机动车排气污染防治办法》等政府规章的决定	2019年8月30日	国司备字［2019000784］
威海市养犬管理办法	2019年9月29日	国司备字［2019000778］
黄石市人民政府关于修改《黄石市人民政府规章制定程序规定》的决定	2019年8月29日	国司备字［2019000754］
鄂州市人民政府关于修改《鄂州市古树名木保护管理办法》的决定	2019年9月30日	国司备字［2019000777］
湖南省货物运输车辆超限超载治理办法	2019年9月23日	国司备字［2019000800］
广西壮族自治区人民政府关于废止《广西壮族自治区实施〈中华人民共和国耕地占用税暂行条例〉办法》的决定	2019年9月23日	国司备字［2019000771］
海口国际投资促进局设立和运行规定	2019年10月4日	国司备字［2019000782］
重庆市行政规范性文件管理办法	2019年9月26日	国司备字［2019000801］
广安市烟花爆竹燃放管理办法	2019年8月28日	国司备字［2019000767］
广安市犬只管理办法	2019年8月28日	国司备字［2019000768］
贵阳市人民政府关于废止《贵阳市小客车号牌管理暂行规定》的决定	2019年9月10日	国司备字［2019000758］
黄南藏族自治州人民政府关于修改《黄南藏族自治州人民政府规章制定办法》的决定	2019年8月15日	国司备字［2019000779］
石嘴山市人民政府规章制定程序规定	2019年8月22日	国司备字［2019000781］

图书在版编目(CIP)数据

中华人民共和国新法规汇编.2019年.第11辑:总第273辑/司法部编.—北京:中国法制出版社,2019.12

ISBN 978-7-5216-0786-4

Ⅰ.①中… Ⅱ.①司… Ⅲ.①法规-汇编-中国-2019 Ⅳ.①D920.9

中国版本图书馆CIP数据核字(2019)第273400号

中华人民共和国新法规汇编

ZHONGHUA RENMIN GONGHEGUO XIN FAGUI HUIBIAN

(2019年第11辑)

编者/司法部

经销/新华书店

印刷/三河市紫恒印装有限公司

开本/850毫米×1168毫米 32开　　印张/5.125　字数/114千

版次/2019年12月第1版　　2019年12月第1次印刷

中国法制出版社出版

书号 ISBN 978-7-5216-0786-4　　定价:18.00元

北京西单横二条2号

邮政编码 100031　　传真:010-66031119

网址:http://www.zgfzs.com　　编辑部电话:010-66066621

市场营销部电话:010-66033393　　邮购部电话:010-66033288

(如有印装质量问题,请与本社印务部联系调换。电话:010-66032926)